持続可能な
社会をめざす
0歳からの保育

環境教育に取り組む実践研究のあゆみ

井上美智子・登美丘西こども園　著

北大路書房

Biotope

Spring

Summer

Autumn

Winter

この本を手にとられた方へ

　この本には2つの目的があります。1つは0歳からの「環境教育」や「持続可能性のための教育」について理解を深めていただくこと，もう1つは幼稚園や保育所，こども園で園内研究・実践研究をする場合の参考にしていただくことです。そのため，第Ⅰ部は環境教育・持続可能性のための教育・持続可能な開発のための教育（ESD）について解説しています。この本の土台となるところですが，この分野への関心や基礎知識がないと読み進めるには時間がかかるでしょう。第Ⅱ部は堺市にある民間のこども園，登美丘西こども園の実践研究について取りあげています。1つの園が実践研究に取り組み始めたときからの10年間のあゆみと，その間の保育者の活動や子どもの姿，変化を説明しています。第Ⅲ部は，第Ⅱ部の実践研究をふまえて，幼児期の環境教育の未来に向けた展望について解説しています。

○幼児期に限らず，環境教育・持続可能性のための教育・持続可能な開発のための教育（ESD）・SDGs などについて学びを深めたい方
○自然と関わる保育には取り組んでいるけれど，もっと深めたいと考えている方
○環境教育や ESD の実践研究を園で始めてみたい方

　理解するには時間がかかるかもしれませんが，第Ⅰ部の最初から読んでください。実践研究の学びを本当に深めるためには，そのテーマに関わる歴史や背景を理解して，基礎をしっかりと固める必要があります。第Ⅱ部以降の実践研究の取り組みの背景にある事柄を理解してから，次へと読み進めていただきたいです。

○テーマは決めていないけれど，園全体の保育の質を高めるために実践研究を始めてみたいと考えている方
○園内研究・実践研究をすることになったが，どのように取り組み始めたらよいか悩んでいる方
○既に実践研究に取り組んでいるが，うまく進まず悩んでいる方

　実践研究の具体的なモデルを説明してある部分，第Ⅱ部（27 ページ）から読み始めてください。この実践研究では環境教育がテーマになっているのですが，テーマが変わっても，実践研究に取り組む1つのあり方として参考になることがあると思います。もっておられるテーマ，取り組みたいテーマに置き換えて読み取ってください。そして，読まれているうちに環境教育に興味をもたれたら，その後第Ⅰ部に戻っていただきたいです。

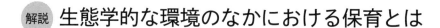

解説 生態学的な環境のなかにおける保育とは

白梅学園大学　名誉教授

無藤　隆

　幼児が環境に親しむことはもっと広く幼児の環境教育のあり方を問い，実践することへと発展するべきなのではないでしょうか。それは何より今，人間の産業活動の拡大に伴い，地球環境全体が地球温暖化による気候変動を筆頭として，その急激な変化が起こり，もしかしたら，それは回復不可能なダメージを地球環境に与え，人間を含め，多くの生物の生存を危機に陥れる危険があるからです。とはいえ，それはまさに現役として働き活動しているすべての大人たちの課題であり，科学者・技術者はもとより，政治家・ビジネスマン，そして一般市民がどう対応するかを理解し，議論し，実行していくべきなのです。では，そこで幼児について大人である親や保育者たちは何ができるのでしょうか。何をしたらよいのでしょうか。それはもとより，幼児の理解力を超えて，環境問題の講義をしても仕方ありません。幼児が理解し，感じ取り，実行していけることは何か，すぐにできずとも子どもの成長に伴いやれるであろうことや理解していくであろうことの芽生えとして何が可能なのかを検討する必要があります。それを行っているのが本書であり，理論的な分析と提言を環境教育の研究者である井上さんが行い，そして保育での実践を登美丘西こども園が進め，両者が合わさって，実践的に役立ち，理論的に意味のある乳幼児期の環境教育のあり方が示されています。

　それは従来からよくいわれる環境に親しむことを超えて，自然環境のあり方の見直しへと進めていくことです。それが小さい子どもでもどこまで可能なのか，そこでの外してはならないポイントはどこかが肝心な点です。

生態学的環境とは相互連関的あり方

　自然環境のあり方というときに，それは単に動植物や砂・土・水，あるいは，林や森への親しみに留まることなく，それを超えていくべきなのですが，そこの一番のポイントは生態学的（エコロジカル）というところにあります。その学問的定義自体ではなく，環境にあるすべてのもの（生き物を含め，もの・場を含めて）が相互に関連しあい，相互に依存しあい，循環していくというとらえ方です。それは地球環境全体のあり方であるわけですが，極めて小さく，プランターの植物をとっても，そこには生態学的な関係があります。土があり，種があり，芽の成長があり，花が咲き，実がなります。それが可能になるために，水や空気，風や光が必要です。

それがキャベツだとすれば，チョウが飛んできて，卵を産みつけ，それから再びチョウが生まれ，飛び立つかもしれません。そのプランターが地面となれば，もっとそこに生息する生き物が広がり，土にはアリやミミズがいて，アブラムシやテントウムシも飛んでくるでしょう。ときには鳥が来て，糞をして，そこからいつの間にか何かの植物が芽生えるかもしれません。風が花粉を飛ばして，近くの別なところの花に種ができ，そこで芽生えることもあるでしょう。

そういう通常の自然環境のみならず，広い意味でのエコロジカルな関係とは，もっと広がりをもちます。栽培植物であれば，水は人がやるものです。あるいは田畑なら小川を引いたり，井戸水を使ったりします。種は種苗店で購入するでしょう。前年の収穫のものを使うかもしれません。それは社会的関係であると同時に，自然の関係でもあります。

そうなると，広い意味での生態系は無数の小さなシステムからなっていて，それが拡大していて，地球大ともなるということがみえてきます。空間的な広がりは無数の入れ子状態になっており，また部分的な重なりが複雑につながりあっています。さらに，それは時間的に変化していくものでもあります。そうしたシステムとは相互的変容の過程にあり，1つの固定的な状態に留まることはありません。不変なものと思えたとしたら，それは人間が関わって，変容を少なくするために関わっているからです。その変容の一部は四季のめぐりのように循環的です。かなり長期の変化もあり，何十年，ときには，何百年という変化のなかで自然も文明もシステムとして変容しながら成り立っています。

人間は自然の一部である

人間そのものが生物であり，自然の一部です。人間は大きな自然のなかにあり，そこに依存しており，同時にそこに人間の活動が影響しています。さらに，個々の人間が生物として極めて複雑なシステムであり，その維持には呼吸や食や排泄やその他の新陳代謝を絶えずしており，意識せずとも環境と交渉しているのです。人間にとってそういう外の自然と内の自然の相互のバランスのある関係は個々人にも人類にとっても極めて重要なのです。

人間はその自然としての限界を，文化を通して超えてきました。その活動は今後も続くのであり，それが人類の存続に不可欠ですが，しかし同時にその文化のあり方を自然環境や地球環境，さらにそこに暮らすすべての人々にとって暮らしやすいものとしていく必要があります。さらに人間以外の生物も単に人間の便宜にとっても大きな意味がありますが，それを超えて大切にしていくことが21世紀の人類の責務になってきました。それだけ人間の活動の影響力が高まり，いわば母なる自然に後は任せるというわけにいかなくなっているのです。

自然に親しむことから生態系へ

　では，乳幼児，特に幼児期を対象として考えたとき，どこから始めるべきなのか，何が可能なのでしょうか。まことに当たり前ですが，まずは自然に親しむことから始まるのでしょう。自然というものがそこに何があるかをまず知らなければなりませんが，それは小さい子どもにとって，手に取り，匂いを感じるということから生まれるものです。それは花壇のようにきれいに飾るというより，子どもが手に取り，遊びや生活に用いるということで，体感としてわかり，感性が変容していくことによってでしょう。野菜作りをして，ミミズがいることが当たり前であり，それが大事なことらしいとわかり，そして手に取っても平気になり，むしろ親しみを覚えることです。

　それは漠然とわかるということを超えて，いわば繊細な気づきを得ることに広がっていくべきものです。落ち葉1枚取っても，そこの色合いは様々です。どんぐりも木の種類によりいろいろな形と色合いがあり，さらに同じ種類でも微妙な差異があり，でも同時にやはりどんぐりなのです。そこから，それらが相互に関連し，どれも欠かせないものとして相互にあるのだとわかっていくことでしょう。どんぐりは見上げれば，特定の木があって，そこになる実です。どんぐりはコマにもできますが，それを虫が食ったり，湿っているところに置けば芽がでてきたりして，植物なのだとわかります。その芽が伸びていき，大きな木になるのです。虫は成長してゾウムシやガになっていきます。飼育や栽培なら人間（子ども）側が世話して生きうるものです。林のようなところでも，何でも取り，踏んでよいのではなく，適切な関わりによりその林は維持されます。そこから相互依存関係がいろいろな対象について成り立つことがみえてきて，大きな生態学的環境への理解への第一歩となるでしょう。

　環境システムの規模が大きくなり，社会的な関係を含み込み，さらに各種の近く遠くの自然にもつながることに理解を及ぼす必要があります。例えば，庭にくるチョウも風に乗って相当に遠くの森からやってきていることもあるのです。空に飛んでいる鳥の群れもシベリアあたりから飛来してきているのかもしれません。もちろん今やほとんどの品物は世界規模の至るところからやってきています。その理解は幼児の理解を超えますが，しかし，どの小さな生態系を取りあげようと，その外にさらに広がりがあり，それはときに園の空間を超え，遠くへとつながることがわかる機会があるかもしれません。絵本などの解説もそこで役に立つでしょう。

持続可能な社会に向けてわずかでもできること

　幼児が持続可能な社会を創るためにできることはわずかでしょう。ですが，その望ましさについて垣間見ることはできます。コンポストの活動や腐葉土の利用はそ

の第一歩です。それを日頃からすることから，生活でのゴミのあつかい，さらにその知識，そして想像を広げていくことができそうです。そうなると，体験と様々なメディアからの知識とさらに垣間見る社会のあり方や大きな自然の様子から，具体的な小さな実践が将来への持続可能な社会へと参与する力の芽を育てることにつながるのではないでしょうか。それは子どもの育ちを単なる個としての力量が伸びていくものと見ることを超えて，環境へ深く広く関わることを同時に行うこととしてとらえ，実践することに支えられて，可能になっていくことです。その具体的な保育としてのあり方は本書の実践事例からみることができます。人は環境のなかで育ち，環境へと関わり，環境をよりよくしていく。さらに広くみえない環境へと知識と想像力を拡張していくことにより，持続可能な社会を見通していくことでしょう。幼児もいずれ大人になり，社会を動かしていくのです。

　具体的に保育としてできることは何か，それは一律に決まることではありません。まさにその保育がどういう場のなかで，どういう自然と社会と文化のなかにあるかで変化するからです。各園の置かれた状況とその園内・園外の環境のあり方により，何が可能かは違ってきます。しかし同時に，何もできないということではなく，可能性を多少とも広げていけるはずです。そうした試みは，それぞれの園を取り巻く状況に応じて園内の実践研究を通して検討されるものであり，実践研究を通してやるべき課題がみえてくることでしょう。そうした保育の具体的で個別的な創造は今，保育者にとっての最大の「挑戦」ではないでしょうか。

もくじ

| Q&A | ムカデなど，危険な生物は駆除せざるをえないです。となると，どのような生物の命も大切にしようとする取り組みとの矛盾を感じてしまいます。 | 109 |

もくじ

第Ⅰ部
環境教育とは何か

第1章
幼児期からの環境教育

1. 環境教育の歴史

「環境教育」とは何でしょうか。環境教育という言葉を知っていても，小学校以上で行われるものと思っている人も多いのではないでしょうか。実際に，教育に関わる人々のなかでも，そのようにとらえる人がまだまだ多いという印象があります。この本は「0歳からの環境教育の実践」をあつかっているのですが，環境教育とは何かをわかっていなければ，それに取り組むことはできません。そこで，初めに環境教育とは何かをその歴史から振り返って，確認することにしましょう。

環境教育の誕生

環境教育は前世紀の半ば頃，1960年代に人々が気づき始めた環境問題の対策として誕生した教育課題です。環境教育という言葉自体は1948年に初めて使われたとされていますが，世界的にその必要性が認められるようになったのは1970年代初めで，比較的新しい教育課題です。教育課題とは社会の変化に応じて教育分野に新しく登場する課題のことで，環境教育のほかには情報教育や人権教育，平和教育，開発教育，特別支援教育などがあります。保育では保育課題とも呼ばれますが，この本では教育課題という言葉を使います。

環境問題を解決するために私たちは法律で規制したり，人々を啓発したり，社会運動によって自然豊かな地域を保全しようとしたりと，いろいろな手立てをとってきました。環境問題を解決し，これ以上環境問題を起こさない人を教育によって育てようとする環境教育もその1つです。日本には，環境教育に取り組む前から，公害教育や自然保護教育を実践してきた歴史がありました。環境教育と呼ばれる教育課題が1970年代初めに西洋から輸入されたときには，似たような実践は既になされていたのです。しかし，環境を保全しようという世界に広がる動きを受けて，それら既存の教育実践は環境教育という名前のもとにまとめられていきました。

そして，日本で小学校以上の学校教育に初めて環境教育が公式に取り入れられたのは1989年の『学習指導要領』改訂でした。この改訂後に当時の文部省は小学校から高等学校の教員向けに『環境教育指導資料』を作成し，各学校に配布しました。

『環境教育指導資料』は中学校・高等学校編（1991）と小学校編（1992）の2種類が発行され，何度か改訂されて現在に至っています。他の国でも環境教育は教科横断（クロスカリキュラム）的なあつかいをされることが多く，日本でも様々な教科のなかに環境教育的な内容が埋め込まれることになりました。例えば，国語や英語の教科書の教材として環境問題や自然保護に関する記事や作品が取りあげられたり，社会科や理科の内容に地球温暖化問題が取り入れられたりして，様々な教科のなかに環境教育につながる教材や指導内容が埋め込まれたのです。ですから，この頃から学校に通い始めた世代の人たちは，学校や出会った教師によって程度の差は大きくあるものの，環境教育的な内容を含む授業をいろいろな場面で何らかの形で受けてきたといえます。

持続可能な開発のための教育（ESD）の誕生

　このように環境問題の解決を目指して始まった環境教育ですが，1990年代から少しずつ変化してきました。それより少し前，1980年頃から「持続可能性（sustainability）」という言葉が環境問題を考える場面で使われるようになってきたからです。ここでいう持続可能性とは，簡単にいうと人間の活動が「続けられるかどうか」ということです。人間の活動が続くためには，人間を取り巻く環境が人間にとって望ましい状態で続かなければならず，一方で，人間の生活の質の向上も求めなければなりません。そのためには，自然環境を守ることだけを考えていても解決しないとして，将来世代のことも視野に入れながら環境・社会・経済の3側面から人間の活動全体を考え直すべきだという考え方が誕生しました。この考え方は国連の環境と開発に関する世界委員会が1987年に出した報告書『我ら共通の未来（Our Common Future）』で「将来世代のニーズを損なうことなく現在の世代のニーズを満たす開発」と定義され，「持続可能な開発（Sustainable Development = SD）」と呼ばれました。そして，1992年にリオデジャネイロで開かれた環境と開発に関する国際連合会議（地球サミット）のテーマとなり，この頃から環境・社会・経済の3側面から人間の活動を考えよう，持続可能な社会を創ろうと主張されることが多くなりました。1980年代に誕生したので，こちらもそれなりの歴史をもっています。そして，この持続可能な開発を進めるための教育として生まれたのが「持続可能な開発のための教育（Education for Sustainable Development = ESD）」です。2002年の持続可能な開発に関する世界首脳会議（ヨハネスブルグ・サミット）で明確に打ち出され，国連は2005年から2014年までを「持続可能な開発のための教育（以下，ESD）の10年」と定め，普及・啓発を進めました。

　ESDが誕生したことで，環境教育は単に環境問題の解決をめざすものとして進むわけにはいかなくなりました。ESDがめざす将来の方向性とESDのあげる環境

・社会・経済という視点を，環境問題の解決をめざす環境教育も共有していたからです。1970 年代に世界に認知された環境教育と 2000 年代に広がった ESD の関係は複雑で，人によって，国によってとらえ方は様々です。ESD を「環境教育が進化したもの」ととらえる人がいれば，環境教育を「ESD の一部」だとする人もいます。日本の文部科学省が示す ESD の概念図には，環境教育はエネルギー教育や国際理解教育などと一緒に並べられてあり，ESD の一部とみなされているようにみえます（図 1-1）。環境教育にまったく関心のなかった人が教育分野に新たに登場した ESD について急に語り出したということもあります。

　図 1-2 は，持続可能な開発を説明するときによく示される「環境・社会・経済」が対等に並べられている図を示しています。このうち，社会という柱は社会・文化

図 1-1　ESD の基本的な考え方

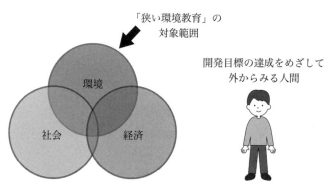

図 1-2　ESD の概念図

と表現されることもあります。3つの円はときには重なり合い，ときにはばらばら
に並べて描かれます。重なり合った中心に持続可能な開発と書かれることもありま
す。ESD の対象範囲は，この3つの円のすべてであり，環境教育（狭い環境教育）は，
このうち環境という円を対象とする教育とみなされることが多く，その場合，環境
教育は ESD の一部ととらえられます。そして，本来，社会と経済は人間の営みな
のですが，人間はあたかもそれらの外にいるかのように，この図について語ります。

　また，「持続可能な開発」とそれをめざす教育である ESD そのものを採用しない
人たちもたくさんいます。人間の生活の質の向上を成し遂げることを目的とする開
発（development）を求めたこと自体が今に至る環境問題を生み出してきたのであ
り，いくらそこに人間を発展させる（人間開発）という新たな意味を見いだそうと
しても，一度与えられた意味を取り払うことは簡単ではありません。「開発（発展
とも訳されます）」という言葉そのものを問い直し，新たな枠組みで生活の質の向
上をめざさない限り，人間の活動は持続できないという考えに基づいています。
ESD の立場をとらない人たちは，図1-2 の3つの円を対等であるかのようにとらえ
ていることも問題だと考えています。

持続可能な社会を創るための環境教育

　環境教育のあとに誕生した ESD は国連主導で広められていきましたが，どの言
葉を採用するのかは国によって違います。日本では，環境教育と ESD は長らくそ
の関係があいまいにあつかわれてきており，法律や教師向けの指導資料のような公
的な場面では環境教育が主として使われています。国連やヨーロッパ諸国は ESD
を使うことが多いようです。一方，オーストラリアやニュージーランドは公式には
ESD を採用せず，その代わりに「持続可能性のための教育（Education for
Sustainability = EfS）」という言葉を使っています。オーストラリアは批判的思考
に基づく教育学が盛んで，もともと環境教育の研究者の層も厚く，批判的教育学を
重視する理論研究者が多い国です。また，自然の姿も自然への向かい方もヨーロッ
パとは異なるため，独自の自然保護哲学が育っているように思われます。ESD が
世界で使われるようになった当初からオーストラリアはその言葉の採用に抵抗が
あったようで，結果として ESD ではなく持続可能性のための教育（以下，EfS）
を採用しました。

　言葉というものは，言葉自体の歴史と使われる国の背景を背負っています。それ
をふまえた上で自分がどの言葉をどのような意味で使っていくのかを定めること
は，ある教育課題の具体的な実践を考えていくときに欠かせません。国連が 2005
年から 2014 年までを ESD の 10 年と定めたので，日本政府もその間，ESD の方針
を決め，いろいろな取り組みをしました。ESD の価値を本当に認め，そうした実

践に取り組もうとする人たちにとっては追い風となりましたが，一方で，今まで環境保護活動をしていた民間団体に ESD で何か考えてほしいと自治体から依頼が来て 1 回限りの市民向けセミナーを企画したというような事例もあったと聞きます。これでは，ESD というものをやらなければならないからやったにすぎず，ただの読み替えであり，単発的なセミナーを ESD の実績とするなら何の意味もないでしょう。つまり，「環境教育や ESD，EfS が取りあげられるようになってきたから，その実践をする」のではなく，「未来のために自分は環境教育（あるいは，ESD，EfS）が必要だと考えるから，その実践をする」のでなければなりません。自分で環境教育とは何かを考え，定めて，実践しなければならないというのは，そういう意味もあります。

　このように環境教育の歴史は複雑なのですが，環境教育が単に「環境問題の対策としての環境教育」（狭い環境教育）ととらえられることが多かったのに対し，これからは「持続可能な社会を創るための環境教育」（広い環境教育）になる必要があることは確かです。この本では，上にもあげた「開発という言葉そのものを問い直さない限り，人間の活動の持続はありえない」という理由から，人間の生活を維持するためには無限の経済成長が必要だとしてどのような開発も肯定していく「矛盾を抱えた教育」である ESD ではなく，オーストラリアやニュージーランドで採用されている EfS を使います。そして，環境教育は「EfS の一部を担うもので，持続可能な社会を創るために必要な環境観を育てるもの」ととらえ，この本で環境教育というときは，この意味で使うことにします。ただし，ここでいう「一部」という表現には注意が必要です。文部科学省の ESD の説明にあるような，環境教育も含めたばらばらの既存の教育が集まって EfS となるイメージではなく，EfS のあらゆる場面に「持続可能な社会を創るために必要な環境観を育てる」視点として環境教育が働くというとらえ方です。

SDGs

　SDGs とは，「持続可能な開発目標（Sustainable Development Goals）」のことです。第 2 次世界大戦後に設立された国際連合（国連）は，いろいろ批判されながらも世界の平和や安全，発展を求めて活動をしています。20 世紀後半には先進国と呼ばれる国々と開発途上国と呼ばれる国々との間の格差縮小を課題として，様々な取り組みをしてきました。そして，2000 年には『国連ミレニアム宣言』を採択しました。もともとは世界人権会議で採択された『ウィーン宣言』（1993）をふまえているとされています。『国連ミレニアム宣言』のもとで立てられた目標が「ミレニアム開発目標（Millennium Development Goals）」であり，MDGs と呼ばれていました。そこでは「極度の貧困と飢餓の撲滅，初等教育の完全普及の達成，ジェンダー平等推進と

女性の地位向上，乳幼児死亡率の削減，妊産婦の健康の改善，HIV／エイズ・マラリア・その他の疾病の蔓延の防止，環境の持続可能性確保，開発のためのグローバルなパートナーシップの推進」という8つの目標があげられ，2015年までの達成をめざしました。いずれも簡単なことではなく，依然として解決されていないのですが，項目によっては成果を残しています。

　MDGsの期間は2015年で終わり，その後継として定められたのがSDGsでした。今度は持続可能で多様性と包摂性のある社会の実現をめざして17の目標が定められました。国連加盟国は2030年までにこれらを意識して取り組んでいくことになっており，各国はSDGsの啓発を進めています。MDGsの目標と比較すると17の目標はあいまいな表現になりましたが，それでも人類がより平等で豊かな暮らしができることをめざすものとして意味のあるものばかりで，世界中の国々がSDGsの達成をめざして本気で取り組むならば望ましいことです。

　しかし，SDGsを本書でいう環境教育の観点からみるとどうでしょうか。本書でSD（持続可能な開発）概念やESDを採用しないことにした同じ理由から，SDGsにも限界がみえてしまいます。SDGsの基盤にあるのは，経済成長が人類の幸福に不可欠であるという信念です。経済と社会と環境は不可分ではないとしながらも，それらを同等であるように並べるのがSDであり，そのため17の目標もばらばらに示されています。しかし，経済と社会は，現在の生態系にとって質のよい自然環境が基盤にあってこそ成立するのであり，無制限に無限の経済成長を求めてきたことが生態系の劣化をもたらし，人間社会の格差についても縮小ではなく拡大の方向へと向かってきたことを振り返らずに，果たしてSDGsは達成できるのでしょうか。

2. 環境問題とは何か

　環境教育，そして，それを含むもっと広い概念であるEfSの実践がどのようなものかを考えるためには，先に，環境問題とは何かを押さえておく必要があります。環境教育はもともと環境問題の解決をめざして生まれたものであり，環境問題の原因と現代社会を「持続不可能」にしている原因は同じだからです。

生物は環境と関わるもの

　あらゆる生物（動物も植物も細菌も，命あるものすべて）は環境と関わって生きています。生物が細胞という構造によって自己と外界を区別したときから，つまり，約40億年前にこの地球に非常に単純な生物が誕生したときから，生物とそれを取り巻く外界（環境）との関わりが始まりました。人間も生物であるため，呼吸・食事・排泄という動物としての基本の営みから逃れることはできません。例えば，呼吸は環境にある大気とのやりとり，食事は他の生物の命をいただくことであり，自

分を取り巻く環境から食べ物を取り入れることです。私たちの身体から不要なものを出す行為である排泄は，環境に自分のいらないものを捨てることであり，これも環境との関わりです。人間も含め生物というものは，環境に影響を与えずに，環境から影響を受けずに生きることができない存在なのです。人間も生物の一種である「ヒト」であることから逃れられない以上，その生きる営みを考えるときに環境との関わりを無視することはできません。

　他の生物もヒト同様に環境に影響を与え，環境から影響を受けて生きています。ただし，環境との関わり方について考える生物は，人間以外にいません。それがヒトという生物を「人間と自ら呼ぶ生物」にしている性質でもあるのですが，人口が少なかった時代には人間も環境との関わり方を真剣に考える必要はありませんでした。好きなだけ環境からとり，好きなだけ環境に捨てるというのがこの地球に暮らす生物の自然な生き方であり，ヒトという生物も誕生以来そのように生き，今もそうしています。もちろん，地域ごとにみれば「問題」となったことは数多くあったはずですが，それでも，そうした地域ごとの問題は人間全体の問題ととらえなければならない状況にはなりませんでした。長い間，人口は今よりかなり少ない数で安定していたので，場所を変えれば，あるいは，少し生活を変えれば対応できていたからです。

　実際に，世界の先住民は自分たちの環境への影響が，自分たちの生活にとって問題とならないよう持続可能な生活を営む文化を生み出し，長い間，その文化のもとで生活を維持していたようです。例えば，オーストラリアの先住民アボリジナルのなかには自分を守護する動物を定めている人たちがいて，自分が狩る対象からその動物を外していたといいます。これは，その集団が世代を超えて伝えている文化なのですが，狩猟を持続可能にするために全体としての狩猟圧を下げるという現実的な効果もあったとされています。また，日本の江戸時代の東京地区である大江戸では，大都市であったにもかかわらず人糞から髪の毛，灰に至るまであらゆる廃棄物が個別に収集され，再利用される持続可能な社会を営んでいたといわれています。

環境問題の原因

　人間の環境との関わり方が「問題」ととらえられるようになったのは20世紀後半になってからでした。人口増加と技術の発展による自然資源利用の拡大によるものです。私たち人間の世界のとらえ方が地球全体という広さをもつようになったこともそれを加速しました。ヒトという生物としてみた場合，その個体数（＝人口）の増加は生物としてはあってはならない異常な姿です。20世紀の始めに16億人だった人口は既に70億人を超し，有限の広さしかない地球という場所に住んでいるにもかかわらず5倍近くに増えています。通常，環境に大きな変化が起こらない限り，

生物の個体数は変動があってもそれなりに落ち着いており，一人勝ちのように増えていきません。ところが，自らを人間と名づけたヒトという動物は，環境を自ら変化させ，環境との関わり方を変えることでそれを成し遂げてきました。私たち人間は自然の状態の10万倍のスピードで地球上の物質を移動させているともいわれ，このおかげで豊かな暮らしを享受しているのです。

　環境問題といえば地球温暖化や廃棄物問題などいろいろな問題があげられますが，それらに共通しているのは，こうした人間の過剰な人口増加と活動がおおもとの原因だということです。過剰な活動が自分自身の暮らす環境を今までの地球の歴史のなかでなかったような加速度的なスピードで変化させているのですが，その影響が「問題」と呼ばれるのには理由があります。短期的には今まで住んでいた場所が住めなくなったり，健康被害が生じたりするからです。地球温暖化なら記録破りの豪雨のために住まいを奪われたり，熱中症や感染症による健康被害が増えたりというような既に現実に起こっている例です。そして，長期的には，生物学的にも地球システム学的にも地球史学的にも，人間が今のままの活動を継続しようとすれば，その結果として大きな環境変化が起こり，その環境変化がその時代に暮らす生物圏に大きく影響するときが来るであろうと考えられているからです。その生物圏にはもちろん人間も含まれていますから，資源を食い潰していくだけの今のような活動を継続すれば，生物圏全体に大きく影響を及ぼす環境変化が起こり，その結果，人間の今の活動もいつか持続できないときを迎えると予想されています。

 column②

生態系

　生物と生息環境との関係を明らかにする学問分野「生態学」は，自然科学が細分化し始めた19世紀の半ばに誕生しました。生態学において1つの生物と環境との関係だけでなく，様々な生物や他の要素の間にある複雑な関係をみていくなかで生まれたのが「生態系（ecosystem）」という概念です。1935年にイギリスの生態学者タンズレー（Tansley, A.）が初めて使ったとされています。

　生態系という言葉のなかにある「系」は，"system"という英語の訳ですが，日本語でもシステムということが多いでしょう。「多様な要素が関係しあっているまとまり」のことであり，自然界にはこうしたシステムがたくさんあります。地球には生物が作りだすシステムである生態系だけではなく，太陽から来るエネルギー，地球自体がもつエネルギー，大気，水，土などのシステムがあり，それぞれが深く関係しあっています。また，地球は太陽系というシステムの一部であり，太陽や他の惑星，月と関わりあって存在しています。太陽系は天の川銀河系というさらに大きなシステムの一部であり，また，もっと広げていくと，この宇宙というシステムの一部でもあります。また，システムの中の要素は静かに並んでいるだけではなく，動的に（ダイナミックに）関わりあっています。例えば，人間にとって大地は揺るぎないもののように思

えますが，地球科学的には常に動いており，地球も太陽系のなかで動き，太陽系も銀河系のなかで動いています。地球上の生態系を始めとする他のシステムも同様に，常に変化する，動的なものなのです。

　そして，システムは 1 つの要素だけで成り立つものではなく，いろいろな要素が関係しあっているため，支えあっていると言い換えることもできます。支える要素が多様なほどシステムは強い，変化しにくいともいわれています。近年の生態学研究でも，生態系のなかで目立った役割を果たしていないような生物の存在も実は生態系の維持に重要であることが明らかにされるようになってきました。これは，人間にとって重要だと思われない生物，あるいは，人間がその存在すら知らない生物の絶滅も生態系に何らかの影響を及ぼすということを意味しています。

　人間の生活に役立つ一部の高価な木材を採るために，あるいは，電子機器の製造に有用なレアメタルを採取するために，肉牛の放牧のために，森全体が破壊されることがよくあります。事実としてはそこにある生態系すべてが破壊されているのですが，経済学の目から見れば無数にいる他の生物や土壌は無用で無価値なものです。破壊してもその後は関心の対象ではないというのが経済学です。しかし，そこで失われた生態系やその要素が他の生態系に与える影響は無視されています。地球のあちらこちらで経済の発展のために地域ごとの生態系が失われていっているのです。地球全体としてみたときに，支える生物が少ない生態系と，多くの生物に支えられる生態系，どちらが安泰でしょうか。最終的には，それは生態系のなかで生きている人間にとってはどうでしょうか。

🐝 6 度目の大絶滅

　生きるために必要な資源（主に食べ物）が十分にあって，かつ，敵がいないとき，環境に変化がなければ生物の個体数は増加していきます。しかし，生息できる環境の範囲は通常有限であるため，個体数が増えると資源は減少するので，今度は個体数も減ることになり，結果としてうまくバランスが保たれ，個体数は変動しながらも維持されていきます。しかし，何らかの理由で状況が変化して資源がなくなってくると同種・異種に限らず生物の間で資源をめぐる競争が激しくなり，最終的に資源が枯渇してしまったら，それを利用していた生物は存在できなくなります。これは生態学の基本であり，どの生物にもあてはまります。生や死と同様，人間の技術の発展をもってしても覆すことのできない生物のありようの基本です。資源の枯渇は，自然災害のような環境変化や何らかの理由でその資源を利用する生物の個体数が増加したときなどに起こります。私たち人間が現在，進めているのは，その後者の動きです。現在のような活動を続けると，いずれ資源をめぐっての競争が激しくなります。人間は既にあらゆる手段で自分以外の種を追い払っているので，そうした競争は同種内で，すなわち，人間と人間の間で起こるようになるでしょう。人間の場合，それは，競争ではなく紛争，あるいは，戦争と呼ばれます。そして，球体

である地球の表面はその表面積が限られている（有限である）ため，利用できる資源の多くは限りがあります。資源を食い尽くしたあとは，その資源に頼ることで成り立っていた活動は維持できなくなります。持続可能な社会を創るということは，将来，人間社会がそうした状況になることを阻止するということです。

40億年の生命の歴史を振り返ると，大きな環境変化によって地球に暮らすすべての生物が影響を受けてしまうような状況が何度かあったとわかっており，少なくとも過去に5回，地球全体の生物相がほぼ一掃されるような大絶滅が起こったとされています。この40億年は多種多様な生物の絶滅の歴史でもあり，それは環境変化によって起こるということを，地球と生命の歴史は教えてくれています。そのなかで私たちになじみ深い例が恐竜の絶滅でしょう。その当時，絶滅したのは恐竜だけではなく，海や陸に生息していた最大7割を超える生物が絶滅し，個体数では9割を超える生物が死に絶えたと推測されています。何かが引き金にはなっているのですが，地球にある様々なシステムは互いに関係しあっているので，1つのシステムが変化すると，他のシステムも影響を受けて変化し，地球全体が変化していきます。「変化」と書きましたが，その時点の生態系というシステムにとって，それは「崩壊」を意味します。生態系は，過去に何度もそうした「崩壊」を繰り返し，新たな生物相を生み出し，現在まで続いてきたのです。

環境教育が誕生した20世紀半ばには，比較的狭い範囲で起こっている環境問題だけが取りあげられていましたが，今は地球温暖化のように人間が地球規模で環境を急速に変化させていることが明らかになっています。そして，現在，多くの科学者が生命史上6度目の大絶滅が進行中だと認めるようになってきました。しかも，過去5回の大絶滅は1000万年という長い時間をかけて起こったとされていますが，私たち人間は100年という短い時間に生物の営みとしては異常な速さで自分たちの暮らす環境を変化させており，これは40億年とされる生命の歴史のなかでどの生物もしなかったことのようです。それが，今後，どのような結果をいつもたらすのか，誰にも予想ができず，また，過去に例を探すこともできません。

そもそも環境問題によって困るのは，地球でも環境でもありません。今，科学者が予測しているように現在の生物圏を支えるシステムが崩壊して6度目の大絶滅が現実となり，人間も含む多くの現存する生物が絶滅したとしても，地球は消滅のときまで今までと変わらず太陽の周りを回り続け，わずかに生き残った生物から進化して新たな生物圏が生まれ，新たな地球システムが創られていくのです。新たな生物圏は現在とは異なる新たな環境に適応した生物たちでしょう。現在の環境が破壊されて影響を受けるのは現在の環境に適した生物だけです。そして，そうしたことが起これば困ると自覚できるのは人間だけであり，他の生物は自覚もなく，声をあげることもなく，人間が引き起こした環境変化によって，ただただ静かに絶滅していきます。今，毎年，40000種を超える生物が人々に知られることもなくそのよう

に絶滅していると推測されています。しかし，人間も他の多くの生物と同じく，現在の環境のなかでしか生存できません。ですから，現在の環境に起きている問題は，人間が自分の活動を持続させるために解決しなければならない問題なのです。

3.　持続「不可能」な社会

　環境問題は，いろいろな表れ方をするけれども，突き詰めると私たち人間の過剰な活動が引き起こしている問題で，現在はそれが地球規模化し，しかも，急速に進行しているとしました。放置すれば，ゆくゆくは私たち人間の活動の持続を妨げる問題であることは確かです。それでは，どうすれば人間の活動が続く社会（＝持続可能な社会）を創ることができるのでしょうか。どのような社会が持続可能な社会であるのか，まだそれを成し遂げていないので，誰も具体像をもっていません。大江戸のように過去に個別の例を探すことはできたとしても，江戸時代の生活に戻りたいとは誰も思わないでしょう。持続可能な方法で資源を利用しながら，私たちの現代の生活の質をそれなりに維持する社会であってほしいと願うはずです。そもそも今の人口や豊かさを維持しながら，持続可能な社会の維持が可能かどうかもわかりません。しかし，それでも，その方向に向かっていかなければならないことは確かです。そのためには，まず，現代社会が「持続不可能」な社会であることに誰もが気づくことが出発点でしょう。

生活のなかで環境との関わりをみる

　環境との関わりとは，私たちの生活のなかの行動すべてです。そもそも，生物は生きているだけで，環境に影響を与える存在ですから，環境に影響を与えない生活をすること自体がありえません。呼吸や排泄はその例ですが，それらをやめるわけにはいきません。また，何を食べるか，何を買うか，どのように物を捨てるかというような日常生活のなかで延々と繰り返されている行為の背景にも地球全体に広がる環境との関わりがあります。

　例えば，現代人の生活になくてはならないものとなったコーヒーや紅茶はどこで誰によって生産されているのでしょう。生産国には生産者の労働があり，そこから日本まで運ばれるためにはエネルギーが使われています。自分で沸かしたお茶を飲むのとペットボトルに入ったお茶を飲むのでは，同じカップ1杯のお茶でもそこに使われたエネルギーには違いがあるでしょう。冷蔵庫で冷やしても，ガスや電気で沸かしてもエネルギーを使っています。茶葉で入れて飲んでもペットボトルで飲んでもゴミはでます。カップが紙コップならそれ自体がゴミになります。カップが陶

器でも，それを洗う水も川からくみ上げて浄水し，各家庭に運ばれるまでにエネルギーを使っています。洗ったあとの洗剤入りの汚水を下水処理するためにもエネルギーを使います。茶殻や紙コップを燃えるゴミとして処理するときも，ペットボトルをリサイクル処理するときにもエネルギーは使われます。現代社会において，多くの場合，こうしたエネルギーは石油や石炭，天然ガスなどから作られています。これらは使い切ったらなくなる有限な資源であり，エネルギーを取り出すときには最終的に二酸化炭素を出します。地球温暖化問題は大気中の二酸化炭素濃度の上昇が大気の温室効果を高めてしまい，地球の平均気温を上昇させているという問題ですが，20世紀以降の二酸化炭素濃度の上昇は人間の活動によるとされています。みえていないだけで，私たちの生活のあらゆる場面でエネルギーが使われていて，そのエネルギーを生み出している有限な資源はいつかなくなり，地球温暖化が進行すれば暮らしにくい世界になっていきます。日々繰り返される私たちの小さな行為の一つひとつが環境問題につながっているのが現代社会の生活の実態なのです。

　そして，日頃，そうした行動の一つひとつを自分が選択して決定していると意識することはほとんどないのですが，自分が選んでいることには違いありません。例えば，のどが渇いたとき，地球の上に生きる生物である以上，水分をとらないという選択肢はないので，何らかの形で水分をとろうとしますが，その際，何を飲むのか・買いにいくのか・火を使うのか・電気を使うのか・冷蔵庫で冷やしたものなのか・どの容器に入れるのかという小さな選択を無意識に重ね，その一つひとつが，その人の好みと，ものの見方によって決められていきます。

🐝 持続「不可能」な社会であることを認める

　持続可能な社会とは，私たちの生活に必要な資源を持続可能な方法で利用しながら，私たちの生活の質を維持する社会であるとしました。毎日の生活のなかで自分を取り巻く環境とそれとの関わり方のすべてを「持続可能性」という観点からとらえ直してみたら，どのようなことがわかるでしょうか。

　現代の先進国の生活では，あらゆる場面に資源の利用が埋め込まれています。多くの食べ物は農業や漁業から得られる他の生物であり，それらを手に入れたり，運んだり，調理したり，廃棄したりするときに使われるエネルギーは石油や石炭などから作られています。私たちが環境から得ているものには，農業・林業・漁業資源のように何度でも繰り返し生産できるもの（再生可能資源）と，石油や石炭，金属のように人間の時間のスケールでは再生できないもの（非再生資源）がありますが，再生可能資源でも再生できないうちに使ってしまえば再生できなくなります。例えば，野生生物である魚は人間にとっては再生可能資源ですが，十分に子孫を残すための（再生するための）余裕を残さずに乱獲すると絶滅し，二度と再生できなくな

ります。今，日本人になじみ深いマグロやウナギも含め多くの魚がその危機にあります。人類が誕生して以降の遺跡で発見される魚の骨の大きさを調べてみると，年代が進むにつれて小さくなっていくそうです。つまり，魚が大きく育つ時間を与えることなく，狩猟を続けてきたのが人類の歴史であるようです。そして，人口が増加し，漁業技術が発展した 20 世紀以降，世界各地で多くの魚が再生する間もなく取り尽くされるようになってきました。環境の変化も魚という再生資源を追い詰めています。

　持続可能性という観点からみると，再生可能資源は「持続可能」，非再生資源は「持続不可能」な資源となりますが，再生可能資源をあつかうはずの農業や漁業も方法が間違っていれば持続不可能になってしまいます。土壌に負担の少ない農法を採用し，適切に漁獲量や時期を管理しなければ，農業や漁業も持続可能ではないのです。私たちの生活のあらゆる場面で使われている石油や石炭，天然ガスなどは非再生資源ですから，そもそも持続不可能な資源です。同じエネルギー資源でも使ってもなくならない太陽光や風力は再生可能エネルギーと呼ばれ，うまく利用すれば持続可能です。

　そして，私たちが環境に出すものも，環境に大きな影響を与えない範囲にとどめておかなければ，いずれは暮らしにくい環境へと変化させる原因となります。東日本大震災で起こった原子力発電所の事故が，そのわかりやすい例でしょう。自然の破壊力を想定できないまま簡単にあつかえないものを使い，その結果，近づくことすらできない場所とあつかいにくい

核のゴミを作ってしまいました。私たちはこれから核のゴミの管理に，長い間，本来なら必要なかった資源をたくさん使っていかねばなりません。近年知られるようになったマイクロプラスチック問題のような廃棄物問題，そして，石油や石炭などの持続不可能な資源の利用がもたらした地球温暖化による気候変動も，私たち人間が環境の処理能力の範囲を超えて環境に出してしまったものが引き起こした問題です。

　今の人間の活動のあり方では持続可能な社会が成り立たないことは確かです。持続可能な社会に近づいていくためには，自然を守ろう・環境保護をしようという狭いとらえ方ではなく，今の社会が「持続不可能」であることを認め，社会のあり方を環境との関わり方の観点から考え直すという広いとらえ方をし，それを身近な生活のなかで意識することから始めるしかありません。

シャドウ・プロセスに気づく

　自分を取り巻く環境に出た廃棄物がその環境のなかで知らない間に処理されて消えてしまい，自分には何の影響もないととらえる人にとって，自分が買っているものや台所の蛇口の下で使うもの，ゴミ箱に入れるものが環境問題につながり，社会を持続不可能なものにしているとは思いもよらないでしょう。自分の知らない誰かがどこかで捨てるゴミが廃棄物問題という環境問題になることは，情報として，あるいは，知識としてもっています。しかし，日々の生活で繰り返されている自分の生きる営みが環境に影響を与えている，問題を起こしているとは思わないのです。お金さえあれば必要なものが手に入り，不要なものを廃棄でき，自分の目の前にすべての過程を現さないのが都市の生活ですから，自分のしていることが環境に影響することは実感としてありません。

　しかし，私たちが何か「もの」を手にしたとき，その手に触れるまでには，手を離れてからも数多くの目にみえない影の部分があります。私はこの目にみえない過程を「シャドウ・プロセス（shadow process）」と呼ぶことにしています。例えば，食べ物であれば，材料である生物の命だけでなく，その命を育むために犠牲になった他の生物の命，その命を奪う作業をする人の労働力，流通にかけられたエネルギー，他のものへと加工される際に使われた労働力とエネルギー，余剰に作られて廃棄されるための労働やエネルギーなどを含んでいます。こうしたことは，現代の都市生活のなかではすべて背景に追いやられ，隠されている陰の部分であり，意識を向けない限り気づくことができない部分です。毎日の生活のなかの環境と自分との関わりが，環境全体に影響を及ぼすことにつながり，それがいずれは自分に影響するというとらえ方のもとで自分の行動を見直さない限り，持続可能な社会の形成はできないのですが，その際，このシャドウ・プロセスに気づき，考えることが欠かせません。自分の行動の一つひとつが環境にマイナスの影響を与えているという事実は考えたくない不都合な真実であり，そんなはずはないと思い込みたいことでしょう。しかし，自分の生活が常に環境に影響していることに気づき，今の社会が「持続不可能」であるという事実を認めることが，持続可能な社会をめざすための出発点となります。

4. 持続可能な社会を創るための環境観

　環境教育は環境問題を解決するための狭い環境教育から持続可能な社会を創るための広い環境教育へと変わってきました。この本では，環境教育を「EfS の一部を担うもので，持続可能な社会を創るために必要な環境観を育てるもの」と定めることにしました。それでは，なぜ，持続可能な社会を創るために環境観が重要なのか，

また，そうした環境観とはどのようなものなのかを考えてみましょう。

知識は行動につながらない

　私たちは様々な機会を通して環境教育を受けています。先述したように，世界的には1970年代から各国で環境教育の必要性が認められるようになり，日本では1989年に『学習指導要領』が改訂されて以降，小学校以上の学校教育に環境教育が公式に導入されました。つまり，若い人ほど環境教育を受けてきていることになります。また，メディアでも環境問題はない方が望ましい，そのためにエコな生活をというメッセージは常に発信されています。おそらく現代人は30年前よりも環境問題に関する知識をたくさんもっており，自然保護に賛成する人も多いのではないでしょうか。様々なアンケート調査では多くの人が地球温暖化防止に賛成しています。しかし，現実は，いまだに環境問題は存在し続け，複雑化して，全体としてはどちらかというと悪化しており，資源を浪費する生活は相変わらず続いています。つまり，私たちは環境問題についての知識や情報をたくさんもっていますが，それは一人ひとりの日々の行動選択や社会の変革にはつながっていないのです。こうした「知識があっても行動につながらない」という実態も環境教育の40年にわたる研究で常に指摘されてきました。この実態の原因や対策はまだみつかっていないのですが，知識が行動に結びつかない理由の1つは，知識として学ぶ環境問題を自分の問題だととらえていないからではないかと思われます。自分もヒトという生物である以上環境と関わっているのですが，その実感はなく，環境にある問題を自分と関係のないものとみなしているわけです。例えば，現在の大学生たちは既に『学習指導要領』に環境教育が取り入れられて以降に学んできているため，環境問題についてもそれなりに知識をもっています。しかし，多くの学生が学んだことを自分の行動には反映させておらず，また，自分に関係のない問題だと思っているのです。

　環境問題を自分の問題ととらえるために焦点をあてなければならないのが，一人ひとりがもつ環境観です。環境観と聞くと，とても難しい言葉のように思えますが，簡単にいうと自分を取り巻く環境をどのようにとらえているか，その環境と自分との関係をどのようにとらえているかということです。どんな人でも自分のものの見方に基づいて自分の意志決定を行い，それに基づいて行動します。ものの見方（＝観）とは，人間に対するものであれば人間観，環境に対するものであれば環境観と呼ぶことができます。自然観や社会観などもそうです。大きくまとめて世界観という言葉でくくってしまうこともできるでしょう。自分と世界との関係に対する見方でもあり，何がよいか・悪いか，何を大切にしたいかというような価値に関わる見方でもあり，価値観ともいえます。ものの見方は，学校での経験だけでなく，誕生直後から家庭や地域も含む経験のすべてから作られ，教科書やメディアから学ぶこ

とはその一部にすぎません。また，人間観・自然観・社会観というように分かれてあるのではなく，互いに関わりあい，全体としてのその人の世界観を形作っています。それは，生涯を通して更新されていきます。ただし，年齢を重ねてある程度の見方ができあがってくると，人はその見方に基づいた経験を選ぶようになるようです。例えば，本やメディアの情報を手に入れるときには自分の価値観にあったものを選び，グループを作る際には似た価値観の人が集まりやすくなります。今ではWEB情報も均一ではなく，過去の検索履歴にあったものを提供するようになっているので，まるで，世界は自分の考えと同じ人で満ちあふれているかのような錯覚に陥ります。そして，若い人ほど，多様な世界に直接出会う機会が多い人ほど，多様な考え方に対して柔軟な人ほど，世界観は容易に更新されていくのでしょう。

環境・自然・その関係

　それでは，「持続可能な社会を創るための環境観」とは，保育でよく使われる環境のとらえ方と同じでしょうか。この本では，自分を取り巻く外界である環境を「自然を基盤に，それと人間と生活が結びついたもの」とみなしています。このとらえ方は，教育学や保育学で示されている環境のとらえ方とは異なります。保育学の教科書では，子どもの発達に環境は重要だと常に記され，保育者（幼稚園教諭，保育士，保育教諭）には，環境を創造し，環境を通して保育することが求められ，『幼稚園教育要領』や『保育所保育指針』にも同様のことが記載されています。そこでいう環境とは子どもを取り巻くすべてであり，そこには，友だちや保育者などの人，教材や玩具などの物，自然，社会など，いろいろな要素が並べられています（図1-3-A）。自然は子どもを取り巻く環境にある1つの要素にすぎず，子どもが関わる身近な自然として動植物や土，水などが想定されています。子どもは自分を取り巻く環境にあるそれらの要素と関わることで様々な側面から発達を遂げていきます。これ自体は保育の歴史において常に指摘されてきたことであり，保育に関わる者なら誰もが同意する真実だと思われます。このとらえ方で重要なのは，子どもが環境のなかにある多様な要素と豊かに関わることであり，豊かに関わる力が育つことです。しかし，そこには子どもが自分を取り巻く環境をどのようにとらえるべきかという視点は欠けています。保育にとって重要なのは子どもの育ちだからです。

　一方，環境教育で育てたい「持続可能な社会を創るための環境観」とは，「自然を基盤に，それと人間と生活が結びついたもの」というとらえ方です。環境とは，ある生物を取り巻く外界という意味ですから，宇宙全体にまで広げることが可能です。そうすると「環境＝自然」だと思われるかもしれませんが，そうではありません。私たちの暮らすこの宇宙全体も，地球も，私たちの身体自体も，その身体を作っている原子も，あるいは，もっとミクロにみると原子のなかにある原子核を構成す

17

A. 保育の環境＝子どもを取り巻く環境
　発達のために必要な自然，自然は環境の 1 要素

B. 環境教育の環境＝人間を取り巻く環境
　環境のとらえ方が重要，自然＝環境＋私

図 1-3　保育と環境教育における環境と自然

　るクォークも自然です。自然科学の眼からみると，自然は環境の一部などではなく，イコール環境でもなく，私たちの生きる世界のすべてであり，人間を取り巻く環境も，私たち人間自身もすべて自然です。自分自身も自然から生まれ，自然に還る，無限の自然のなかの小さな小さな存在なのです。自然は自分自身も含むため，本当は「自然＝環境＋私（ヒト）」となります（図 1-3-B）。この図には比較のために保育の環境としてあげられる「人」「物」「社会」を環境のなかにある要素としてそのまま描いてありますが，これらもすべて自然のなかにあるのです。この図は，ESD の環境・社会・経済という 3 つの柱を立てる考え方（図 1-2）とも異なります。人間にとっては，社会も経済も非常に重要なものですが，それらは人間が生み出したものにすぎず，自然（環境＋ヒト）の存在しないところには存在しません。「自然を基盤に，それと人間と生活が結びついたもの」というとき，人間という言葉で社会を，生活という言葉で経済を暗に示しています。自分を取り巻く環境を，生物としてのヒトも含む自然の基盤の上に人間社会と人間の営む経済があるものだととらえています。

　さらに，自然科学からみた事実として，この世界は，自然を構成するものすべてが動的に関わりあっている世界です。自然とは，植物や動物だけでなく，宇宙・太陽・空気・水・土・石油や石炭のような資源なども含むこの世界のすべて，そして，私（ヒト）も含むとしました。私たちの社会と経済も自然の一部ですから，自然と常に関わっていて，人工的な要素も人が自然にあるものを使って形を変えたものにすぎません。私たちの社会も，動物としてのヒトの自然性から逃れることはできず，人間が創り出した文化でさえ自然によって定められたヒトという生物種の身体能力や認知能力の限界から離れて広がることはできないのです。もちろん，技術はそれを拡大させていますが，それすら，自然なくして存在しないものです。人間が誇る

どのような機器も自然資源がなければ作ることはできません。そして，常に動的に関わりあっているということは，何かを動かせば，それに関係するものはすべて影響を受けるということを意味しています。世界は，保育の教科書に描かれるような自然や社会などの要素がただただ静かに並んでいるだけの世界ではないのです。

　持続可能な社会を創るためには，自分を取り巻く環境を，自然を基盤にして私たち人間とその生活が常に結びついて成り立っているものだととらえる必要があるとしました。それは，環境・社会・経済を静かに並べて，外から議論するような環境観（図1-2）ではなく，自然があってこそ社会や経済が成り立っていて，それらはすべてダイナミックに関わりあい，自分自身もそのなかに関わりあうものとして存在しているという環境観です。こうしたとらえ方は，自然を単なる教材とみなす保育では育てることができません。保育者が自然を「子どもを取り巻く環境の１要素で，子どもの発達に役立つ保育の教材」だととらえている限り，その保育者が子どもに伝える自然のとらえ方，あるいは，環境のとらえ方はそれと同様，人間と切り離したとらえ方，人間のために自然はあるという狭いとらえ方になります。環境教育の観点からすると，自然を環境の一部にすぎないとみなす，こうした教育における伝統的なとらえ方が，環境問題を生み出してきた環境観であるともいえます。既存の教育が環境問題を生み出す人を再生産しているという問題も，環境教育研究において常に指摘され続けてきました。

　子どものよりよい育ちを求める保育と，持続可能な社会を創ることを求める環境教育は，異なる目的のもとでなされる教育の営みです。保育にとっては，「環境との関わりを通して子どもがよりよい発達をすること」が重要です。しかし，本書で考える環境教育では，「保育者が環境を通して保育をする際に，その営みによってどのような環境観が育つのか」が重要になります。これは保育が他の教育課題に向き合うときも同じで，例えば，人権教育や平和教育では，それぞれの教育の目的があります。そうした教育課題ごとの目的を保育者が意識しない限り，子どものよりよい育ちを求めるだけの保育をしているだけでは不十分なのです。

　そして，環境教育に取り組もうと考え，その目的を意識したときに初めて，環境教育の観点からみるとそれまでの保育学の環境のとらえ方には誤りがあることがわかり，環境問題を作りだしていくような環境観を幼児期の子どもに育ててきたことに気づくでしょう。もちろん，これは意図的にそうしたのではなく，この観点に関心がなく無自覚だっただけであり，幼児期に形成されたものがその後を定めてしまうわけでもありません。また，保育学が示してきた環境や自然のとらえ方は，目の前の保育，現在だけを考える保育を実践する際には，わかりやすいものです。例えば，1989年改訂の『幼稚園教育要領』において保育は「環境を通して行うもの」と初めて明記されましたが，その当時の指導書には「環境とは園具や遊具，素材などのいわゆる物的環境や，幼児や教師などの人的環境を含んでいることはいうまで

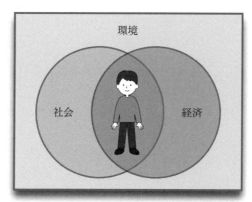

自然＝環境（社会も経済も含む）＋人間

図 1-4　EfS と環境教育の対象

もないが，さらに幼児が接する自然や社会の事象，また人や物が相互に関連しあっ
てかもしだす雰囲気，時間，空間など幼児を取り巻くすべて」と書かれていました。
このとらえ方は，現在の要領でも変わっていません。実際に，保育環境を構成し，
指導計画を作るときには，この説明は有用です。物的環境・人的環境・自然や社会
の要素を考えれば，保育環境の基本を意識できるからです。しかし，このとらえ方
は人間と環境，そして，自然の現実を表してはいません。環境教育に取り組むとい
うことは，今までの保育が環境問題を生み出す人を再生産する教育実践であったこ
とに，保育者が次第に気づいていくプロセスとならなければならないのです。

　図 1-4 は，この本で考える EfS と環境教育の対象範囲を示した図です。四角い部
分が自然，すなわち，この世界のすべてでもあり，環境はそこから私（ヒト）を除
いた部分になります。そのなかに社会や経済も含まれ，人間はそのいずれにも関係
しながら生きています。事実としては，人間の社会も経済も，自然なくしては存在
せず，ヒトという生物がいないところに社会や経済はありません。人間の社会や経
済が，あたかも自然，あるいは，環境がなくてもそれだけで存在できるかのような
幻想をもってしまった結果が，環境問題を生み出したのです。本当はこうした人間
や社会，そして，経済のとらえ方を根本から変えない限り，持続可能な社会に向か
うことはできないのでしょう。第 1 節で説明した通り，EfS が総体としての教育で
あるとしたら，環境教育はそのうちの環境観を形成するところに関わる教育です。
ですから，EfS と環境教育が対象とする範囲は同じであり，広い意味の自然が対象
となり，そこに社会も経済も含まれています。保育では，環境と関わることによっ
て子どもは育つとして，子どもが関わる環境の質について深く考えますが（図 1-3-
A），子どもが環境と関わることによって形成していく環境観については関心があ
りません。しかし，EfS や環境教育ではその環境観の内容こそが重要なのです。

5. 環境教育は 0 歳から

　初めに，環境教育とは何かをわかっていないと環境教育の実践に取り組むことができないとしました。そして，環境教育を 0 歳から実践できるのかどうかも，環境教育や子どもをどのようにとらえるかによって変わってきます。ここでは，環境教育を 0 歳から開始しなければならない理由を説明します。

幼児期から環境教育を始めるのは早い？

　環境教育というと環境問題についての学習，あるいは，自然体験ととらえられることが多いので（狭い環境教育），そもそも幼児期には環境問題について教えることなど早すぎる，幼児には責任がないのだから環境問題のことを考えさせる必要はない，幼児期にはしっかりと自然と関わっておけば十分とされることが一般的です。また，子どもの自然体験が減っているなかで，環境問題の知識だけを与えて恐怖心をあおるような環境教育実践に不信感をもつ教育者もいます。保育分野でもそのようにとらえる人がまだまだ多いようです。私は 1990 年代から今までに 3 回，現職保育者対象に環境教育や自然をどのようにとらえているのか，どのような実践をしているのかについてのアンケート調査を実施してきましたが，どの回でも同じような意見をいただきました。

　こうした幼児期の環境教育のとらえ方は環境教育分野でも同様になされています。1989 年に『学習指導要領』に環境教育を初めて公式に導入したあと，文部省（当時）は小学校から高等学校の教員向けに『環境教育指導資料』を作成し，各学校に配布しました。しかし，その際，幼稚園は学校教育機関であるにもかかわらず『環境教育指導資料』の対象にはなりませんでした。1970 年代以降，環境教育は幼児期から実践するべきであると様々な国際的憲章などで明記されてきたにもかかわらず，幼児は環境教育の対象ではないとみなされたのです。しかし，最初の発行から 20 年以上を経た 2014 年の改訂で，「小学校編」は「幼稚園・小学校編」となって，初めて幼稚園が対象に加えられることになりました。幼稚園から環境教育をすることが『環境教育指導資料』でも求められるようになったのです。ただし，内容をみると幼児期には自然も含む身近な環境と関わることが大切であると書かれています。日本の保育には，大正時代から子どもが自然と関わる意義を高く評価し，飼育栽培活動や戸外活動を取り入れてきた伝統がありました。自然と関わることで子どもの科学性や豊かな人間性を育てることができると考えられており，程度の違いはあるものの，ほとんどの保育の場が飼育栽培活動や戸外保育に取り組んでいます。どの保育者も子どもの発達にとって自然との関わりを大切だと思っているのです。そのため，幼児期の環境教育を自然と関わることだとすると，保育者は今まで通り

21

の保育をしっかりと実践すればよく，あえて幼児期の環境教育を別途に考える必要はないことになってしまいます。

　なぜこのようなとらえ方になるのかを考えると，2つの理由があげられるでしょう。1つは，環境教育のとらえ方が古典的であることです。環境教育を誕生当初のような「環境問題についての学習，あるいは，将来自然を守ることにつなぐための自然体験」（狭い環境教育）ととらえると，幼児期には環境問題について学習することは不可能だが自然体験はできるとして幼児期の環境教育＝自然体験となります。しかし，先に述べたように，現在の環境教育はそうしたとらえ方ではなく，持続可能な社会を創るための環境教育（広い環境教育）へと変化してきています。もう1つは，幼児のとらえ方です。幼児期の子どもは，何もわからない・何も知らない・保護されるべき弱い存在だというような古典的なとらえ方をしていると，幼児が引き起こしたわけではない環境問題について知る必要はないし，知っても何もわからないし，幼児は何もできないとみなすことになります。例えば，『環境教育指導資料』には，「（幼児は）環境について言葉で理解したり表現したりすることはうまくできないし，そのことをうまくさせようとして一方的に働きかけても，あまり意味がない。むしろ，自然の不思議さや美しさ，環境の面白さ等について体を通して感じたり体験したりすることが重要であり，こうした自然を含めた環境についての体を通しての理解が，将来の人間の生活における自然のもつ意味や，持続可能な環境の保全について学ぶ環境教育の基盤となっていく」と記されており，古典的な幼児観のままであるといえるでしょう。しかし，1989年に，『国連児童の権利に関する条約（子どもの権利条約）』が採択されて以降，幼児を含めた子ども観は大きく変化してきています。環境教育をどうとらえるか，幼児期の子どもをどのようにとらえるかで，幼児期の環境教育のあるべき姿も変わってくると考えられます。実際に，韓国やオーストラリア，ニュージーランドにおいて，保育者が幼児を「市民としての子ども」ととらえ，そのように子どもに向き合うことで，幼児が市長に手紙（意見書）を出したり，野生生物保護を市民にアピールしたり，手作りエコバッグをスーパーにおいてもらったりするなど，環境のためになる活動を自ら主体的に生み出していく事例が報告されるようになってきています。

環境教育より大切なことがある？

　子どもの育ちをめぐる課題はたくさんあり，それらは環境教育よりもっと重要だとか，優先しなければならないという意見もよく聞かれます。子どもの育ちを考えたとき，日本で保育者が拠り所にするのが『幼稚園教育要領』や『幼保連携型認定こども園教育・保育要領』『保育所保育指針』であり，領域ごとにねらいや内容が記載されています。そうした基準となる保育でさえ，丁寧に実践すればするほど奥

が深く，経験を積んだ保育者ほどもっと豊かな保育をと願うはずです。その上に，社会の変化は子どもの育ちに影響し，子育て支援も保育の役割の1つとなり，特別な支援を必要とする子どもや虐待など，今まで見過ごされてきた問題への対応が保育者の仕事に含まれてきました。また，発達心理学や社会学の研究成果が保育に反映されるようになり，保育は高い専門性が求められる仕事に変わってきたのです。日々，子どもの育ちを懸命に考えながら保育をしているのに，その上に，緊急性がないようにみえる環境教育に気持ちを向ける余裕などないというのが保育者の実感なのかもしれません。

　環境教育が必要だとされてもその実践が教育現場で後回しになることも環境教育研究の課題でした。いまだに教育のなかの周辺課題，優先度の低い課題であり続けているのです。しかし，目の前の子どもが他者を思いやることができ，豊かな表現力と健康な身体をもち，主体的に生き生きと活動ができる子どもに育ったとしても，その子どもの生きる未来が生態系の崩壊した社会であるならどうでしょう。目の前の子どものことだけを考えて誠実に保育をしても，未来のことを考えずにいると，その保育者が子どもに残すのはとても生きにくい社会です。生態系が崩壊した社会では，すべての市民が生活困難となり，自分の表現力を楽しむ余裕などなく，健康ではいられず，紛争のなかでは他者への思いやりなど示すことができません。主体的どころか，生存のために利己的に生きるしか選択肢が残されていないような社会です。世界中を見渡せば，多くの地域の子どもたちが現在そういう状況にいます。紛争や環境破壊による難民は年々増加しており，難民となることを余儀なくされた子どもたちは生存の権利すら危ぶまれているのです。難民となった他国の子どもや未来の社会がどうあるべきかを考えず，豊かな社会で暮らす目の前の子どもの育ちしか考えないとしたら，それは子どもの権利を考えるべき保育者として無責任だといえるでしょう。子どもにどのような未来を残すのかは，優先度が高いと保育者がとらえている他の様々な活動と同等に重要で，特に現在の環境の現状を考えるとそれ以上に緊急性が高いといえるのではないでしょうか。

0歳から環境教育を始めなければならない理由

　この本では，環境教育を「EfSの一部を担うもので，持続可能な社会を創るために必要な環境観を育てるもの」としました。そうとらえたとき，環境教育は幼児期から，というより，0歳から開始しなければなりません。環境観はヒトとして誕生したその瞬間から創られていくからです。

　ここでは社会的公正に関する教育（social justice education）の研究で明らかになっていることを紹介したいと思います。近年の発達研究において，乳児は生まれた直後から他者に対する共感を示し，他者との相互作用を経験することを通して共

感性はさらに発達していくことがわ
かってきました。共感性は生物とし
てのヒトが進化の過程で獲得したも
のと考えられており，成長後の社会
的正義の感覚にも影響するといわれ
ています。重要なのは，そうした共
感性は哺乳類の一種としてのヒトが
生まれながらにもってはいるもの
の，経験を通して育てられなくてはならないということです。また，幼児期に育て
られた向社会的行動（報酬を期待することなく，他者や社会に対して役立つ行動）
はその後も長らく維持されるといわれています。つまり，他者への共感性をもって
ヒトの子は生まれるけれども，経験によって共感性の育ちは影響され，幼児期に得
たものが将来，その人の社会観や正義観にまで影響する可能性があるようです。

　ヒトが生まれつき他の生物（植物や動物）に特別の関心をもち，その存在に癒や
される性質をもっていることも明らかになっています。これは，生存のために他の
生物の命に頼らざるをえず，自然のなかで生存をかけた厳しい生活をしなければな
らない動物の宿命ともいえます。他の生物に関心がある性質をもっている方が進化
的に有利であったのは当然でしょう。また，環境教育研究では，環境保護活動に熱
心な人は子ども時代に自然を豊かに体験し，自然を大切にする大人が身近にいたと
いうことが指摘されています。自然に対する価値観を身近な大人から学んだといえ
るのではないでしょうか。人間は生まれつき他の生物に関心をもっているけれども，
自然を守りたいという思いをもつためには，自然と関わり，周りの人から影響を受
けるなど成長過程での経験がなければならないようです。

　社会的公正に関する教育は，乳児期から開始しなければならないことも多くの研
究で明らかになってきています。子どもは既に2歳で性や民族，身体の障害などに
ついての偏見をもっているとわかっており，10代になるとその修正がより難しく
なるともいわれています。4歳になると社会のなかのステレオタイプな見方や偏見
（例えば，女の子はこうあるべきというような）を既に獲得しており，社会のなか
の主要なグループの価値観がそうしたステレオタイプな見方の獲得に影響している
とされ，5歳になると自分がいる社会集団の価値観に基づいた向社会的行動をとる
ことが明らかになっています。こうした研究からは，人間は，既に乳児期から家族，
友だち，先生などの身近な人々との関わりから直接，また，メディアのような文化
資源から間接的にその社会における価値観を吸収していることがわかります。これ
らの社会的公正に関する教育研究があつかうのは対人を主とする社会的な要素です
が，自然に関してはどうでしょうか。そのような研究はほとんどなされていないの
ですが，価値観に関わるという点で同様の過程が想像できます。

　環境教育を持続可能な社会を創るための環境観を育てることだとすると，こうした共感や価値観に関わる研究をふまえれば，子どもは乳幼児期からそのような環境観をもっている大人から影響を受けていく必要があるといえそうです。保育者は乳幼児期からの経験の量と質を豊かにすることで子どもがよりよく育つとわかっていて，その考えを日々の保育のなかに活かそうとしているはずです。しかし，そうした経験によって子どものなかに作られる環境観がどのようなものかを保育者は考えているでしょうか。あるいは，子どもにこのような環境観を育てたいから，こういう経験をしてもらいたいと考えているでしょうか。幼児期の環境教育を考えるとは，日々の保育のなかで子どもの経験の内容を環境教育の観点から見直していくことなのです。それを現実の保育の場で，どのように実現していくことができるのか，第Ⅱ部ではその１つの例として，登美丘西こども園が取り組んできた実践研究の成果を紹介します。

第Ⅱ部
0歳からの
環境教育の実践研究

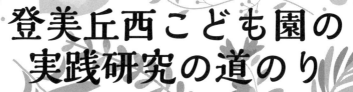

第2章 登美丘西こども園の 実践研究の道のり

1. 保育における実践研究

　第Ⅱ部では，子どものよりよい育ちを願う，ごく普通のどこにでもあるような良心的な私立園，大阪府堺市の登美丘西こども園の環境教育をテーマとした実践研究のあゆみを紹介していきます。実践研究には様々な形があります。まず，実践研究とはどのようなものかを，初めに整理しておきましょう。

実践研究の歴史

　保育職は，資格や免許をもっている人だけがその仕事に携わることができる専門職です。そのため，専門職としての力を維持し，より高めることを目的に，その職に就いてからも研修を重ねていきます。公立であれば，経験年数に応じて研修が丁寧に組み立てられていますし，私立でも多くの園が研修を受けることを勧めています。講演を聞く・保育技術のワークショップに参加することが，おそらく研修を受ける方法として一番多いでしょう。外部に受けにいくことがほとんどですが，園に講師を呼んで研修を受けることもあります。そして，実践力を高めるためのもう1つの形が実践研究です。実践研究とは，名前の通り「保育実践の研究」のことです。園内で行われる園単位や園のなかの一部保育者の実践研究を園内研究と呼ぶこともあります。この取り組みはもともと小学校や中学校で行われている「授業研究」から派生したものかもしれません。

　授業研究は日本の学校教育現場で長い歴史をもち，教師の専門性を向上させるために非常に役立ってきた取り組みです。その始まりは第2次世界大戦前にさかのぼるとされていますが，戦後に新しい教育に取り組む過程で組織的になされるようになったようです。英語では"lesson study"と訳され，アメリカの算数教育分野で注目され始め，教師の質を上げる取り組みとして世界的にも高く評価されています。教師は互いの授業を見学し，指導計画や授業実践について討議するので，若い教師にとっては経験豊かな先輩からアドバイスや指導をもらえる貴重な場になり，経験を積んだ教師にとっても自分の実践をより豊かなものに変えていく機会となります。授業研究は特別なイベントではなく，毎年，何らかの形で行われています。学

校内だけの取り組みであることが通常ですが，市町村や都道府県，ときには文部科学省から指定を受けることもあります。指定を受けて研究をする場合は，研究対象の教科やテーマを決めて，それについて研究を深め，最後には他校の教員も集めて大きな成果発表会を行い，報告書にまとめます。小学校や中学校は公立学校が多いため，公立学校の文化として根付き，幼稚園の実践研究も公立園では早くから行われてきたようです。あまり取りあげられませんが，教職員組合もこうした授業研究の取り組みを独自に継続し，組合に所属する教師の質を高める努力を続けてきました。

　1990年代には，カンファレンス（conference）という言葉が保育でもよく使われるようになりました。実践の記録を取り，それを同じ職場に勤める保育者が振り返り，話しあう場のことです。カンファレンスとは会議を意味する英語からきたもので，看護や社会福祉の現場で早くから取り入れられていました。ときには研究者も参加して，第三者の視点から分析の手伝いをします。こうした振り返りは保育者自身の気づきをうながし，仲間の保育者から学ぶことにもなり，全体として保育の改善へとつながっていきます。保育者が自らの実践を振り返って記録を書くこともあれば，第三者が動画の記録を取って，それを視聴しながら分析することもあります。記録の取り方も，その実践研究の目的に応じて変わります。特にテーマを定めることなく，継続的にカンファレンスをもち，保育を見直し，改善していくことが通常であるように思われます。こうした取り組みも実践研究の1つの姿です。

　公立幼稚園の実践研究は，自治体によって違うようですが指定を受けて行うしっかりとした研究の機会が数年から10年に1度くらいあり，それ以外の年も園ごとに自分たちでテーマを決めて自主的に研究を行うことが多いようです。私立幼稚園の場合も，幼稚園の集まりである各種団体などの指定を受けて研究を行ったり，園の特色を発展させるために独自に行ったりしています。一方，同じ保育の場でありながら，保育所の方はこうした実践研究に取り組むことは少なかったようです。2006年に兵庫県で実施した調査では，回答自治体に属する教育委員会の75%ほどが公立幼稚園で研究指定事業を「している」と回答しましたが，公立保育所を管轄する当時の福祉課などの部署の場合は「している」と回答したのは約15%でした。この結果は小学校から高等学校と同じ学校教育機関としての位置づけのある幼稚園と，児童福祉施設としての保育所という歴史的な立場の違いが1つの理由と考えられます。しかし，今，幼保一体化の流れのなかで状況は大きく変わりつつあります。

　もちろん，保育所でも公立私立にかかわらず，自治体や私立保育園の団体などが実践研究を奨励し，研究して発表するという取り組みがなされてきました。また，実践研究以外にも，幼稚園教諭も保育士も年間を通して様々な研修に出かけます。公立であれば，自治体ごとに様々な研修が企画されますし，民間でも外部の研修に交代で出かけていきます。公立の方が機会は多いようですが，過去の調査では1人

あたり 1 年間に 6 回程度は園外に研修を受けにいっていました。ただし，幼稚園の場合は子どもが降園後の勤務時間内にカンファレンスをしたり，夏休みの間に研修を受けたりすることが比較的容易でしたが，保育時間が長い保育所では子どもの降園後に保育に携わらない時間をとりにくいことからそうした機会をもつことが難しかったようです。そのため，『保育所保育指針』は 2008 年の改定で保育の質を高めるために「体系的・計画的な研修や職員の自己研鑽等を通じて，職員の資質向上及び職員全体の専門性の向上を図ること」を要点の 1 つとしてあげました。海外の先進的取り組みをしているところでは，園の種別を問わず労働時間のなかに研究や研修，保育の省察や準備に関わる時間（ノンコンタクトタイム）が組み込まれています。保育の質を高めるためには，保育者が専門性を深めるための時間も勤務時間に含まれるようにする必要があるのです。

　どのような保育の場にせよ，実践研究を行うことで保育者の意識が変わり，保育の質が向上します。現代社会の様々な課題に対応し切れていない現実もあって批判されることは多いのですが，日本は国際的な学力調査でいつもよい成績を納め，日本の教育はそれなりにうまく機能しています。それは真面目に物事に向かう国民性だけではなく，日本の教育が明治期から統一したナショナルカリキュラムの下で行われ，かつ，教師が集団として授業研究などを通して教育の質を高める努力を続けてきたことで，ある程度の教育の質を維持できているからだと考えられます。これは保育も同様です。OECD（経済協力開発機構）の調査によれば，日本は幼児期への公的な投資は低いのですが，それなりに良質な保育が提供されてきました。保育関係者の努力はもちろんのこと，保護者が幼児教育に価値を感じていることもあるのでしょうが，保育にも『幼稚園教育要領』や『保育所保育指針』という公的な国家ガイドラインがあり，それに一致して公的な管理の下で保育者が養成されていることもその理由になっていると思います。教育者と養護者が明確に区別され，半年程度の養成教育で養護に携わる資格を取ることができる国もあるため，OECD の調査では日本は特に保育士のレベルが高いことが評価されています。また，保育をよくしたいと願う保育者が行う実践研究も日本の保育全体の質を高める役割を果たしていると思われます。

🐝 いろいろな実践研究がある

　実践研究には様々な方法があります。実践研究に長い間取り組んできた公立幼稚園でよくとられている方法は，1 年から 2 年かけて 1 つのテーマを定めて研究を行うというものです。例えば，子どもの表現する力の育ちに焦点をあてたり，遊びの豊かさとは何かを追究したりします。保育者はそのテーマについて，文献を調べたり，そのテーマに詳しい研究者の講演を聞きに行ったり，助言指導を受けたりしな

がら実践を進めていきます。保育者は実践を計画し，実践し，観察し，記録を取り，小さな研究会を繰り返しながら，実践を改善し，深めていきます。その過程で，そのテーマに関する知識が増え，保育環境の改善が進み，保育者の指導力や観察力もあがっていきます。研究指定を受けると，園内だけの研究ではなく，研究期間の終わりに公開研究保育を行い，実践研究についての発表会が行われ，報告書を作成します。実践を言葉で表していくことで，考えがまとまったり，知識が定着したり，実践を筋道立ててみることができるのです。私が 2003 年に行った調査で，公立・私立，幼稚園・保育所と分類して平均を比較したところ，自然や環境教育に関する保育実践については公立幼稚園の実践が質・量ともに高く評価できるという結果がでました。日本の幼稚園について研究したアメリカの教育心理学者ハロウェイ（Holloway, S. D.）も，公立幼稚園の保育の平均的な質のよさを記しています。公立幼稚園は『幼稚園教育要領』に沿う保育をより忠実に意識していることと，多くの自治体が公立幼稚園の実践研究を勧めて，保育の質の維持，向上を図ってきたことも理由として考えられるのではないかと思います。

　記録の取り方も実践研究によって様々です。事例を記録する方法はいろいろあり，例えば，エピソード記録という方法はその 1 つで，よく知られています。発達心理学者の鯨岡らが提案してきたもので，保育と保育者としての自分の省察に役立つようです。自分が気にとめた保育の場面を非常に詳細に正確に記録すると同時に，保育者自身がもった印象も丁寧に記述し，主観的な思いや考えも入り込んでいきます。対象である子どもの言動だけでなく，その子どもがいる環境と保育者との複雑な関係まで，保育者の視点からきめ細やかに書かれます。記録をすること，その記録を他者と分かちあうことで，子ども理解と保育者の自己理解のとらえ直しがなされます。先にテーマがあるわけではなく，保育者としての自分が気にとめた，あるいは，気になる「何か」がそのとき，そのときのテーマになります。一方，テーマと期限を決めて実践研究をする場合は，そのテーマから記録の対象や方法が定まっていきます。テーマが先にあり，それが実践を読み解く窓口になるのです。

実践研究とテーマ

　多くの場合，実践研究はテーマを定めて行うとしました。そのテーマは，保育者たちがその都度関心をもっていることを選んでいきます。公立幼稚園では，『幼稚園教育要領』の記述内容から自分たちが興味のあること・日頃の保育のなかで課題を感じていることが選ばれているようです。1 つの領域やねらいに焦点をあてて子どもに育ってもらいたい姿をあげながら保育の内容を追究します。この場合は，既に要領や指針の解説書に多くのことが示されているので，それを自分たちの実践と照らしあわせながら，読み取る・深める・確認することになるでしょう。

　一方，要領や指針に記載されていないテーマを選んだ場合，拠り所になるものがほとんどありません。要領や指針のような日本の保育の基本となるガイドラインに記載されていないものは，それらの解説書にも保育関係の基本テキストにも取りあげられていないので，何かを参考にしようとしてもないのです。時代に対応してでてきた教育課題，例えば，情報教育や平和教育，人権教育，そして，この本で取りあげている環境教育，EfS，ESD などをテーマにした場合がそうです。要領や指針，それらの解説書，対応した教科書などにはほとんど取りあげられず，今までの実践の蓄積もほとんどないため，ゼロからのスタートになります。

　要領や指針に記載があり，今までの保育実践においても取りあげられてきたようなテーマで実践研究を行う場合は，既に実践してきた保育の質を高めることが主たる目的となります。しかし，新たな教育課題をテーマにする場合は，実践研究によって保育の質を高めることはもちろんですが，そのテーマにおいて望ましい実践のあり方はどういうものかを探究することも目的となります。

2.　実践研究の始まり

　保育所という場で研究を行うことは容易ではありません。幼稚園と違って保育の対象が「乳児から」であるため養護という側面からの関わりが多く，生活面の細々とした関わりにも時間が多く割かれます。保育時間も長く，そのために保育者がシフトを組んで勤務します。保育所で実践研究を行おうとすれば，事例の記録を書くのも，それについて検討する事例研究会やカンファレンスを開くのも，保育が終わったあとの時間帯となり，保育士の勤務シフトもそれにあわせて考えなければなりません。保育は責任の重い労働であり，その上に日常的に研究を行うには思い切りが必要で，実践研究が保育所であまりなされなかった理由はそこにもあるようです。保育の質の向上のために実践研究をしたいと考えても，管理職も保育士も過重労働につながることをためらってしまうようです。ここでは登美丘西こども園の実践研究がどのように始まり，どのように発展してきたのかを紹介します。少しずつ方法が発展していっていることを見てください。なお，登美丘西こども園はもともと公立保育所から民間移管された保育園として始まり，2015 年から幼保連携型認定こども園になりました。この実践研究は保育園時代に始まりましたが，この本ではこども園と統一して表記しています。

🐝 堺市の研究事業に応募する

　公立園から移管後の開園 6 年目の比較的新しい民間保育園であった登美丘西こど

も園は子どもの主体性を重視し，一方で，多様な経験を保育園の生活のなかでしてもらいたいという願いの下で保育をしてきました。どのような意味でも特別な園ではなく，よい保育を子どもに提供したいと考える良心的な保育園の1つです。理想的な保育の姿を求めながらも，今までの保育の継続や保護者の求めるもの，現代社会が抱える様々な問題，繰り返される制度変更など，次々と突きつけられる課題と目の前の保育に追われているという点でも，多くの園と同じ背景を共有する園です。この保育園が実践研究を始めることになったきっかけは，2010年に堺市の教育委員会と子育て支援部保育課（当時）が共同で企画実施していた研究事業「幼児教育実践研究事業」に応募したことでした。この事業は，市として私立幼稚園と私立保育園の質の充実を願って園に実践研究を委託する事業で，2006年度から2017年度まで実施されました。市内の園が応募し，採択されると研究を行い，年度末に報告会をします。管轄する地域全体の保育の質の向上をめざし，私立園の保育の質の向上をサポートするというこの堺市のような取り組みは，少しずつですが増えてきています

　この年，登美丘西こども園は保育の質の向上をめざして堺市の事業に応募することにしました。実践研究をしたいから応募しようというより，まずは応募してみようという決断が先にあったのです。この事業に応募するためには，テーマを決める必要がありました。今までにもいろいろな研修に行き，興味のあることはたくさんあったようですが，最終的に「自然」をテーマに選ぶことにしました。園長から応募してみないかと打診を受けた5歳児担当予定の保育者が「森のムッレ教室」リーダー資格を取っていたことがその理由でした。「森のムッレ教室」はスウェーデンで開発された5歳児向けの環境教育プログラムです。幼児対象の自然体験プログラムではあるのですが，開発者の環境思想が深く，環境教育の観点が明確に取り込まれています。この点が森の幼稚園活動などの自然体験活動とは違うところで，環境教育研究者から高く評価されています。

　私が勤める大学には地域の保育の質の向上を目的に設置された幼児教育実践研究センターがあり，開設以来，年間5回の現職者対象セミナーを継続しています。5歳児の担任保育者は2009年にそのセンターが実施した「森のムッレ教室」リーダー養成講座を受講していました。そして，この堺市の研究事業に応募するためには大学の研究者などの助言指導者を定めることが条件であったため，私のところに相談に来られたのでした。

5歳児クラスで環境教育をテーマにする

　自治体の事業への応募であるため，始めたからにはやりとげなければならないという条件の下でどのように取り組めるかを，園長・主任が中心になって考えました。

そこで，まず，少しくらいの負担増は苦にならないと思われる若い保育者2人が担任をする5歳児クラスだけで研究を始めることにしました。研究は当事者がその気にならないと，なかなか進まず，成果もでません。園としても初めての実践研究であり，0歳児から5歳児までいる保育園において園全体で一斉に進めるには負担が大きすぎると考えたからです。5歳児であれば就学を翌年に控えて，今までにもいろいろな取り組みをしていたため，内容も考えやすいと思われました。

　そして，自然だけではなく，環境教育をテーマにしたいと考えたのも，「森のムッレ教室」リーダー資格を取ったその5歳児担任の保育者でした。そこで定めたのが「子どもと自然・命のつながりを知る―幼児期の環境教育の観点から―」というテーマです。このテーマを決めた背景を登美丘西こども園は報告書に次のように書いています。

　　　現代はスイッチを押すだけで思うように機械が動いたり，お金を払うと苦労せずにたやすく物が手に入ったりと，私たちが生活していく上で何不自由なく過ごせる便利な社会になってきました。都市化が進み，マンションや住宅密集地に住むことも多く，現代の子どもたちは自然のなかで思いっきり遊ぶ楽しさを知らなかったり，生命に対するいたわりの気持ちがわからなかったりします。自然と密接に関わる機会も減り，自然のなかで生きているという感覚が薄れているといっても過言ではありません。大人も子どもにビデオをみせたりゲーム機を与えるなどして一緒に過ごす時間が減り，子どもと出かけるときも機械で創り上げられたテーマパークに出かけたりすることが多くなりました。大人が自然について様々なことを子どもに教えたり，一緒に自然のなかで遊んだりすることも減ってきているように感じます。その結果，現代の子どもたちは様々な物と出会っても，それがどのようにしてできたのか，どんな人たちがどう関わってできたのかなどに気づき，考えることが少なくなってきていると思います。

　今の子どもの日常をよく表しています。教育，保育に携わる人であればここに書かれたことに誰でも同意するのではないでしょうか。こうした現代の子どもの実態は既に1980年代から指摘されていて，昔なら意識しなくても家庭や地域で日常的にできていた自然体験や生活体験をあえて学校という場で取り入れる必要性がでてきました。そこで，1990年代以降，学校教育現場にこうした体験活動が積極的に取り入れられるようになりました。これは保育も同様で，『幼稚園教育要領』や『保育所保育指針』にもそうした自然との関わりの重要性が具体的に書き込まれました。実際に，保育の場でも栽培活動などはかなり高い割合で実施されています。登美丘西こども園も次のように続けます。

　私たちは毎日の保育のなかで多様な体験をしてもらいたいと，できるだけ自然や人と関われる取り組みを多く取り入れてきました。例えば，散歩や遠足では身近にある自然の草花を摘んだり，虫を観察して遊んだり，野菜の栽培・収穫を通して食べる喜びを感じることができるようにしています。こうした取り組みは本園も含め，多くの保育園や幼稚園が実践しているのですが，私たちは身近な自然が自分の生きていることと密接に関係していること，また，自然をもとに私たちは命をつないでいることを子どもになかなかうまく伝えられない難しさを感じています。

　園としては子どもの実態に課題を感じていて，それまでにも具体的に自然と関わる活動は実践してきたのです。多くの園は自分たちが日々接する子どもの状況を敏感に感じ取り，足りないところを補おうと努力し，具体的な活動に反映させています。自然と関わる活動はしている，しかし，何か足りないのではないかというのがこの実践研究に取り組むことになった登美丘西こども園の問題意識です。研究とは問いを立て，その答えを探究する取り組みです。登美丘西こども園の実践研究では，「自然体験をしているが，それだけで終わっているのではないか，さらに発展させられるのではないか」という問いです。

　1人の保育者が環境教育の観点を明確に取り込んだ「森のムッレ教室」に出会ったことから，登美丘西こども園では次のように考えました。

　森林の減少や地球温暖化などの環境問題の解決は，現代の私たちの大きな課題です。この課題を解決するためには，幼児期から自然と豊かに関わることが大切です。乳幼児期という人間形成の基礎を培う大切な時期に「触る・聞く・見る・匂う・味をみる」の五感を働かせながら心に響く体験をたくさん積み重ねることが，生きる力と豊かな人間性を培うことにつながるだけではなく，大人になったときに「一つひとつの命を大切にしよう・食べ物を粗末にしない・ゴミは分別しよう」などの環境を意識できるための土台作りになります。しかし，現代の子どもにはそのような機会が減少しているために，今までと同じような保育の取り組みだけでは十分ではないと考えます。そこで今回，実践研究に取り組むことで，新たな保育のあり方を探っていきたいと考えます。

　自然体験・生活体験が減少しているとされる現代の子どもが，将来，大人になったとき持続可能な社会を創らなければならないのです。不足しているといわれている自然体験を少しでも取り入れようとするだけではおそらく不十分であって，今までとは異なる新たな実践を考えていかなくてはならないのではないかと登美丘西こども園は考えました。

　幼児期の環境教育は自然体験であると長らくいわれてきました。『環境教育指導

資料』(2014) には今もそのように書かれています。しかし，登美丘西こども園が書いたように，自然体験であれば，保育の場はそれなりに取り組んで来たのです。なぜなら，自然との関わりが子どもの発達に重要であることは保育に携わる者であれば十分に理解しているからです。そもそも自然が子どもの発達に重要であることは 19 世紀のフレーベルの時代から保育においては基本としてあつかわれてきました。しかし，それで環境教育をしているといえるのか，子どもをみていてもそうは思えないというのが保育者たちの問題意識でした。

3.　5歳児クラスからのスタート

　初年度は，保育者たちも環境教育とは何かをよくわかっていないままのスタートだったので，環境教育をテーマとする実践研究であっても今までの保育からあまり外れないように取り組む必要がありました。少しだけ，環境教育の色を加えていくという方法です。

5つの観点を定める

　研究を開始したとき，園長・主任・2人の担任保育者と私が話しあい，保育者が実践のなかで常に意識するものとして5つの観点を定めました。まず，1点目は「子どもの主体性を大切にすること」です。子どもの主体性を大切にすることは，今の日本の保育の基本であり，どの保育者もそれを願っているでしょう。しかし，保育者が子どもに多様な体験をさせたいと願い，それを保育に取り込もうとすればするほど，子どもが主体的に考え，活動する時間と余裕を奪っていく印象があります。そこで，保育者が望ましいと考えた活動を子どもにさせるのではなく，子どもたちが自ら興味，関心をもつように配慮しながら進めることを，最初に意識する観点としてあげました。

　2点目が「五感の重視」です。これは，子どもが自然と関わる必要性を語るときにはよく使われますし，要領や指針の解説では「様々な感覚」「諸感覚」というような表現で記されています。しかし，五感のうち「見る」「触る」は子どもの遊びのなかでもよくみられますが，「聞く」や「匂う」は意外に表れにくいものです。園庭で子どもと過ごしているときにも鳥がさえずっていたり虫が鳴いていたりするのですが，保育者に余裕がなく気づいていない場面もよくみられます。「味わう」も食事のときには必ずでてくるのですが，自然と結びつけている場面は少ないのではないでしょうか。保育者が環境を整え，意識的に援助して初めて子どもが「見る」「触る」以外の感覚を使うことにつながることが多いようです。

　3点目が「日常的で継続的な関わりを大切にすること」です。園庭や地域での自然体験がイベントのように単発的に行われるようでは，変化に気づいたり，動物や植物に愛着をもったりすることにつながりません。自然との関わりを日常的，継続的なものにするためには子どもが日々遊ぶ環境に自然の要素があればよいのです。また，そうした場で毎日遊べるように計画を立てる必要があります。多様な経験をさせたいと願った結果として，保育の場は年間を通して様々な行事に追われ，実態として子どもが自らやりたいと思った好きなことをして遊ぶ時間が圧迫されていきます。日常的，継続的というと，とても簡単なことのように思えますが，通常の保育のなかで実行するのは意外に難しいことのようです。

　4点目が「自然体験と生活体験をつなぐこと」です。これが，環境教育につながる観点として取り入れたものです。栽培活動をしたり，自然のある公園に出かけたりという自然体験は以前から多くの保育現場も取り入れてきました。また，食育が取り入れられてからはクッキングもしています。そうした活動を個々の活動として別途に行うのではなく，年間を通して野菜や稲を栽培し，日常の保育のなかで世話を継続し，収穫したものを調理し，食べます。コンポスター（堆肥を作る容器）で堆肥を作り，栽培に利用し，自然の循環を学びます。

コンポスターに落ち葉を入れるよ

　5点目が，「子どもの知的好奇心に応えること」です。自然と触れあうなかで「なぜ？　どうして？」という子どもの気持ちを拾い，不思議に思ったことや興味をもったことを保育者と一緒に図鑑や絵本で調べ，その特性や生態について知っていきます。保育者は答えを与える大人としてそこにいるのではなく，子どもの気づきに共感し，子どもが主体的に答えを見つけ出そうとする行為を手伝っていくことにしました。

　以上の5点を5歳児の2人の担任が常に意識し，環境を構成し，活動を考え，援助していくことになりました。環境教育の観点としてあげた4点目の「自然体験と生活体験をつなぐこと」以外は今までの保育のなかで既に大切だといわれてきたことであり，保育者としても大事にしたいと考えてきたことです。しかし，日々の保育のなかで本当に実現できているのかどうかを振り返る必要がありました。環境教育の実践研究であっても，まず，保育の基本が押さえられていなければならないからです。

> **Q&A** 自然と関わる際に，継続性が大切なことはわかるのですが，なかなか時間を確保できません。
>
> 　継続して自然と関わるためには，毎日，園で自然と関わって遊ぶ必要があります。園の保育のスタイルによって，毎日遊ぶ時間を確保するのが難しいと思うこともあるかもしれません。しかし，どの園でも園庭で遊ぶ時間は毎日あるはずで，園庭での遊び時間は比較的自由度が高い時間としてとらえられていることが多いでしょう。子どもが毎日遊ぶ園庭に自然が豊かにあればよいのです。森のような園庭やビオトープのある園庭の方がより豊かな関わりができるのですが，手始めとしては，プランターや園庭の片隅を使って「生態系が生まれる小さな自然地」を創っていくことです。もちろん，そういう場所がなぜ必要か，管理職や同僚を説得するのはあなたがすることです。

初めての実践研究の成果

　2 人の担任は研究テーマに沿って活動内容，環境構成を考えながら，実践を行い，記録を書き，園長や主任と話しあいを重ねました。そして，年度末には報告書にまとめ，堺市が主催する実践報告会で発表をしました。報告書に 2 人の担任は次のように書いています。

> 　実践研究を始める以前から私自身自然は好きであると感じていましたし，子どもたちを自然のなかでたくさん遊ばせてあげたいと思っていました。その思いをもっているにもかかわらず，「園の周りには自然が少ない」と思いあきらめていました。しかし，実践研究を終えた今，身近なところにも自然はたくさんあるのだと胸を張っていえます。大切なのは，近くの自然に目を向けることだと気づきました。(中略)今回の実践研究は私自身の保育観ががらりと変わる大きなきっかけになったとともに，1 人の人間として，心が豊かになれたような気がします。

> 　研究を進めていくなかで子どもたちが返してくれる純粋な言葉であったり，とびきりの笑顔に心が少しずつ動かされて，子どもの気持ちに 1 つでも多く応えてあげたいと今までの自分にはなかったような深い思いが創られた気がします。

　保育現場の実践研究に助言者として関わることは，養成校に勤める研究者にとって珍しいことではありません。公立園を中心になされる研究指定の実践研究では必ずテーマに沿った分野の専門家が助言者として関わります。何度か保育をみて助言をしたり，講演をしたりします。しかし，それは研究期間の 1 ～ 2 年だけであることが通常です。この堺市の事業も 1 年という期間を区切った制度であったため，この事業期間が終わればこの研究も終わるというつもりで誰もがいたと思います。し

かし，園長と主任は１年間の実践研究を通して，上に示されたような２人の担任の保育者としての成長をみたことと，保育自体をとらえ直す可能性を感じました。当時の主任は次のように書いています。

　　今までも保育の内容については常に職員間で話しあい，子どもが自分で考えて遊べるように環境を整えたり，発達を押さえた運動遊びを継続して行ったり，コミュニケーションを基本においた問題解決プログラムを取り入れたり，自然と触れあい食育にもつなげていくなど子どもたちにとって大切だと思えることには一生懸命取り組んできました。しかし，頑張ってはいるもののそれらの活動につながりが感じられなかったり，教える側の保育者と教えてもらう側の子どもという図式がなかなか崩せず，これで本当に子どもたちに"生きる力"が養えるだろうか？と不安になることも多々ありました。私自身も長年保育者として経験を積み重ねながらも，なかなかこの山は越えることができずジレンマを感じていました。（中略）今，「自分で考えて行動する」「知りたいことは自分で調べる」「集中して遊ぶ」「自分の思いを言葉にして話す」「周りの人にやさしくなれる」「友だちと協力できる」など，育ってほしいと願い続けてきた姿を子どもたちはみせてくれています。今までなかなか越えることのできなかった山が，"自然"というものの力を借りて，簡単に越えられたことに感動しています。

　環境教育という難しいテーマで取り組んだにもかかわらず，若い保育者も管理職も実践研究に取り組んだことで保育全体に今までとは違う感触をもったのでした。園長と主任は，堺市の事業は終わるけれども，この実践研究という取り組みを継続したいと考えました。あとから振り返ってみると，この決断がなんともチャレンジ精神にあふれた勇気あるものだったと思います。

4．2年目～園全体の取り組みへ

　２年目は，初年度のように堺市の事業としての取り組みではないので，期限があるわけではなく，成果報告が義務づけられているわけでもありません。私は０歳から実践しないと意味がないと思っていましたし，園長と主任は初年度の担任の育ちをみて，全クラスに広げたいという願いをもっていました。その結果，２年目は全員で取り組むことになりました。園長が「やります！」と宣言し，保育者たちはそれに従うという形での出発です。

事例研究会を始める

　2年目は「対象を全年齢児に広げ，園全体として環境教育に組織的に取り組むこと」を目標にしました。研究を行う際の観点も新しいことを考えず，初年度と同じ①子どもの主体性を大切にする，②五感の重視，③日常的で継続的な関わりを大切にする，④自然体験と生活体験をつなぐ（つながり），⑤子どもの知的好奇心に応える，という5観点で研究を続けることにしましたが，対象児を全クラスに広げた場合，年齢による発達の姿の違いから前年度と同様の方法でこれら5観点を意識すると実践の共有と議論が難しいのではないかと考えました。そこで，研究期間を前期と後期に分け，前期はこれらの観点のうち保育者にとってなじみがあり，取り組みやすいと思われる①子どもの主体性を大切にすると②五感の重視を取りあげ，後期は④自然体験と生活体験をつなぐ（つながり）に焦点をあてることにしました。

事例研究会

　各年齢に関わる正規保育者全員が自分の実践のなかから各観点につながると考えられる子どもの姿を毎月2事例ずつ取りあげて事例記録用紙に記録しました。この年の1年間で284事例が集まりました。毎月1回事例研究会を行い，保育者全員が書いた事例記録を園長・主任が加わって全員で共有し，意見や感想を出しあいました。また，前期・後期の最後はまとめの会として，各保育者の反省や感想，今後の保育に

Q&A　**実践研究に取り組み始めたのですが，事例を見つけ出すのも書くのも，とにかく難しいです。どうしたらできるようになりますか。**

　初めて実践研究に取り組んだ年の登美丘西こども園の保育者たちもそんな感じでした。でも，仕事である以上，とにかくやらなければならないので，なんとか見つけ出し，あるいは，事例として取りあげられそうな活動を考え，書いていったようです。よくわからないけれども，事例を書くことを繰り返すことで，今まで気づかなかった子どもの姿に気づき，自分の保育の振り返りができるということが次第にわかるようになっていきます。そうすると，大変だけれども，面白さを感じることも増えてきて，いつの間にか，観察する力や書く力がついているのです。これでいいのかと悩みながらも，まずは継続することが大切なようです。こうした力が育ち，自分でそれが確認できるようになるには年数がかかります。ですので，テーマを変えてもよく，レベルの高い事例記録を求める必要はないのですが，園として，1年限りではなく，研究を継続することが望ましいのです。また，管理職や助言者は保育者の成長を5年，10年というような長い目で見ていく必要があるでしょう。

活かしたいことなどを話しあうことにしました。

　ほとんどの保育者にとって，決まった観点から事例を取り出すことも，その事例について記録として書き残すことも，事例についてみんなで討議することも初めての経験でした。自分の実践のなかで出会う場面のなかから，例えば，主体性がみられたと自分が思った例を探し，拾うのです。そのためには，途切れなく流れていく保育の時間のなかで，どこか客観的に「主体性」という言葉に向きあわざるをえません。そして，記録を書いたり，他の保育者からの意見を聞いたり，他の保育者の事例を読んだりすることは，自分の実践を客観的にみる機会となります。

5．3年目〜研究のなかで役割をもつ

　実践研究を開始して3年目，園全体に広げて2年目です。前年度に保育者たちは初めて環境教育という1つのテーマの下で，子どもの活動を観察し，事例を取り出して記録に起こし，それについて事例研究会を開いてみんなで共有したり，情報交換したり，意見を交わしたりしました。3年目も同じ方法で事例を書き，事例研究会を開くことを継続しました。

研究推進委員

　3年目に新しく取り組んだのは，保育者の一部に役割を与えたことです。前年度は園長と主任が中心となって実践研究を引っ張り，事例にすべて目を通し，事例研究会の司会，進行役を務めていましたが，この年から，新しい試みとして研究を推進する担当者を決めてもらうことにしました。園長や主任以外の保育者のなかから，「研究推進委員」4名を選出しました。この年は比較的ベテランの保育者が選ばれたように思います。また，担任をもたずに園全体の環境や全クラスをみることができる「副主任」という新たな立場を作り，研究推進委員の4名のうち1名を副主任に任命しました。事例研究会の前に研究推進委員4名と主任が一緒になって全保育者から提出された事例について感想や意見などを出しあい，事例研究会で検討したい事例をいくつか選び出してから研究会を開くようになりました。そして，その司会も委員が交代で務めることにしました。

　園内研究を行う場合，園長や主任がリーダーとなって行うことが多いようです。また，公立幼稚園は園内研究に熱心ですが，少子化の波を受けて，園長のほかに担任教諭は2人だけというような園も多く，そのような園では役割分担は難しくなります。幸い，保育園は0歳児から5歳児までを預かりますから，それなりの数の正規保育者で保育を行うのが通常です。登美丘西こども園の場合は，その年，正規保

育者は園長と主任を除いて分園の保育者も入れて 15 名という体制でした。

　研究を進めるリーダー的役割を園長や主任以外の保育者が担ったことは，結果として保育者たちが研究を主体的に行うことにつながっていきました。研究会の前の話しあいでは，委員それぞれがもっている知識を伝えあったり，問題提起をする姿がみられました。回を重ねるごとに研究の主題である環境教育についての理解が深まり，委員が研究の観点を明確に意識できるようになり，事例の読み取り方が磨かれていったように思います。また，様々な場面で研究推進委員が自信をもって意見を発言するようにもなりました。この年の推進委員の 1 人は年度末に「初めは取り組まなければいけないという義務感が少なからずあったが，今では子どもと一緒に楽しもうと思えるようになった」という感想を述べていました。保育者が集団としてレベルアップするためには，園として取り組んでいるから仕事として実践研究に取り組むという義務的な動きだけではなく，保育者が主体的に研究に関わろうとすることが重要だと思われます。

🐝 菜園係

　もう 1 つの役割が「菜園係」で，4 名の保育者が担当しました。うち 2 名は実践との連携ができるように研究推進委員と兼任です。菜園は，園舎と園庭のある敷地から車の通る道路を隔てた反対側にある場所で，もともとは個人宅の庭だったところでした。そこを実践研究が開始した前年度に買い取り，整備し，一区画に畑を作りました。園では，その場所全体を菜園と呼んでいます。この係を設けたのは，その頃，園内で一番自然豊かな場所が菜園だったので，そこの自然をより豊かにするためです。菜園係の仕事は「菜園の畑や草花の栽培計画を立てる」「収穫物や草花の成長を把握し各クラスへの伝達や活動の相談をする」「菜園便りの作成をする」こととしました。

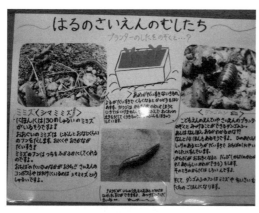

「いきものニュース」

　園全体の取り組みとなり，2 つの係を作ったことで保育者に自主的な動きが広がりました。その 1 つが「いきものニュース」です。保育者が，菜園や園庭にある木々や季節の花や実，カブトムシ・スズムシ・アメリカザリガニなど飼育している小動物や戸外で見かける昆虫など，いろいろな動植物について調べた資料です。各クラスに配布して，保育室内や玄関ホールに掲示しました。迎えに来た保護者が立ち止

まって見てくれたり，親子で見て「カブトムシの幼虫，こんな風に大きくなってるんやで」と話す5歳児がいたり，ツマグロヒョウモンの幼虫を「これ，全然怖くないねんで」と説明する2歳児の言葉に「そうなんや。すごいね」「知らなかったわ」と返答している保護者の姿もみられたりしました。また，2週間に1回張り出し新聞を発行して園生活の様子や行事での姿などを知らせ，ザクロの実が大量になったときには子どもたちと味わって，希望者には持ち帰ってもらいました。

6．4年目〜保育者全員が役割を

　研究推進委員と菜園係を決めたことで，その担当となった保育者たちにも，それ以外の保育者たちにも主体的に取り組もうとする動きがでてきました。そうした姿をみて園長は，保育者全員に研究のなかで何らかの役割をもってもらうことで，みんながより主体的に研究に取り組むようになるのではないかと考えました。私からも菜園以外の環境を考える必要があるので，いくつかの係を提案し，次の年からすべての保育者が何かの係を担当することになりました。すべての保育者は環境教育と考えられる実践の事例を記録に起こし，毎月の事例研究会に参加するだけでなく，係を1つ担当することになったのです。

エコ係

　新しく作った係の1つが「エコ係」です。環境教育の実践研究をする以上は，園で行われているすべての活動を環境配慮の観点から見直すことが必要と考えたからです。どこの園でも保育方針はもっていますが，環境方針をもっていない園がほとんどです。環境教育に取り組む以上，園としての環境方針はなくてはならないものです。いずれはそれを作ることを前提に，初年度は自由に活動を考えてもらうことにしました。すると，係の保育者は「物を大切にする気持ちが子どもに育つ」ことをねらいとして，雨水を植物への水やりに利用できるようポリタンクに雨水をためることを思いつきました。タンクについている目盛りを見て，雨が降ったあとに水が増えていることや雨の降らない日や暑い日が続くと水が増えないことに子どもが気づくようになったり，乳児もタンクから自分でジョウロに水を汲めることがうれしく，進んで水やりをするようになりました。

　初年度のエコ係が作ったのが，子どもにわかりやすく環境配慮行動を伝えるための「エコブック」です。エコブックは普段よく使っている物（例えば紙や鉛筆）ができるまでの工程やリサイクルの説明，材質マークやエコマーク，様々な資源のリサイクル法についてイラストを用いてわかりやすくまとめたものを保育者が手作り

エコブックの読み聞かせ　　　　　　　　　　　　　コンポストの説明

し，毎月ファイルに束ねていきました。3・4・5歳児は各クラスに1冊ずつ，乳児・分園用に各1冊ずつ用意し，保護者用も図書コーナーに設置しました。3・4・5歳児クラスでは新しい内容のページが増えると子どもに読み聞かせをし，乳児クラスでは保育者と一緒にコーナー遊びのなかでみました。その際の子どもの反応や興味を示したことをもとに，新たなページを考えました。その結果，2歳児以上の保育室ではそれ以前もゴミ箱に紙とプラスチックのマークを貼りゴミを分別していたのですが，エコブックを見ることで普段の生活のなかで他の材質マークにも注目するようになってきました。遊びのなかでもリサイクルをテーマに子ども同士が会話したり，ブロックでゴミ収集車や分別ゴミ箱を作る姿もみられました。5歳児クラスでは堺市の「まちづくり出前講座」として堺市環境マスコットキャラクター「ムーやん」に園に来てもらい，一緒に地域に出てゴミを拾うなどの活動も体験し，市が推進する4R（Refuse Reduce Reuse Recycle）という言葉や仕組みを学ぶ機会をもちました。

絵本係

しぜんかんきょうおすすめえほん

「絵本係」は，環境教育の実践に適していると考えられる絵本を，園の書庫にあるものだけではなく新規に購入したり図書館で借りたりして，他の保育者に知らせていきました。具体的には植物，昆虫，季節など自然に関係する内容が織り込まれた絵本・図鑑・写真集，リサイクルやゴミ処理場など環境問題の理解にもつながる本などです。低年齢児にも同じ絵本を回覧でき

るようにしました。すると，1歳児クラスの子どもでさえ，絵本の内容を思い出し鳥が何を食べるかを理解して，その食べ物を鳥がやってきそうな場所に置いてみるなどの姿もみられるようになったり，飼育動物の世話をする際に絵本で知った知識を活用したりと，絵本から知識を得て行動に移すことが，どのクラスでもみられるようになってきました。また，1階の玄関ホールにある図書コーナーの本棚の1つを「しぜんかんきょうおすすめえほん」とし，エコ係が作成したエコブックとともに季節に合った内容の絵本などを置くようにしました。すると，送り迎えの際に子どもが絵本を使って生物の生態や季節の特徴など自分が知っている知識をうれしそうに保護者に伝えている姿がみられるようになってきました。

ポスター係

　「ポスター係」は，前年度の「いきものニュース」のように保育者が学びの環境を豊かにするために作り出したものを，より発展させるための係です。季節に応じたもの・身近で子どもに親しみがあるものという2点を考慮し，題材を係で話しあって決め，この年は11枚のポスターを手作りしました。ポスターは各クラスに配布して，保育室で子どもたちの目につきやすいところに貼り出し，玄関ホールの図書コーナーにも貼り，保護者と子どもが一緒にポスターをみられるようにしました。例えば，冬に作ったのは冬眠をテーマにしたポスターです。前年の4歳児クラスがカメを冬眠させるのに成功し，遠足でカエルの冬眠について話を聞いたり，絵本でクマの冬眠のことを知ったりする機会があったためです。作る際には乳児クラスでも楽しめるように文章よりも写真を中心に，「どんな生き物がいるのかな？」と投げかけるようにしました。いろいろな生き物が冬眠する一方で，冬眠をせず冬でも元気に活動する動物がいることも知らせて，生物の生活の多様性に気づいてもらえるようにしました。すると，4歳児クラスではポスターに載っている生物が冬眠することを知っている子どもも多く，「カエルって冬眠するねんな！」「そうやで！　遠足のときいってたもんな」「春になったら起きてくるねんで！」という会話が生まれ，ポスターを見ることで生物の冬の様子について関心が高まった様子がみられました。乳児クラスにも同じポスターを貼るのですが，写真が多いので，知っている動物を指さすなど興味をもってよくみています。

冬眠をテーマにしたポスター

研究推進委員と菜園係は継続

　前年度から始まった研究推進委員と菜園係は活動継続です。前年同様，研究推進委員は研究全体を動かしていき，菜園係も活動を発展させました。各クラスが菜園で植えたい植物を調査し，その希望に沿って種や苗の準備，すぐに植えられるようにプランターの土に肥料を混ぜるなどの準備をしました。子どもが農作業をしやすいように菜園にある倉庫からの農具（クワ・スコップ）の出し入れをしやすくし，菜園での遊びが豊かになるようにと，空いたスペースに虫めがねや画板，サインペン，万華鏡など，菜園で遊ぶ際に利用できる用具や玩具を常備しました。すると，菜園でのゆったりとした活動時間に，その場にいる虫を観察しながら描いたり，植物の色や形を表現し細かい部分まで気づいて絵を描いたり，万華鏡で色の異なる植物を見る子どもの姿がみられるようになりました。また，環境を整えることで自ら菜園の季節の移り変わりに気づいたり，植物や昆虫の姿を友だちと興味深く調べたりする姿もでてきました。夏には水と植物の関係に気づいてもらうために園庭は月・火2歳児，水・木0歳児，金・土1歳児，そして，菜園は月・火4歳児，水・木5歳児，金・土3歳児と，水やり当番クラスを決めました。0歳も水やり当番に入っています。子どもも「今日は暑いから，菜園の土もカラカラやで！」「きゅうりの水やりにいこう！」と自発的に活動するようになってくれました。また，各クラスで植えた野菜などはその性質などを調べるよう菜園係がクラス担任に呼びかけ，菜園で収穫した物は玄関ホールに展示し保護者にみてもらえるようにしました。送迎時に「このサツマイモは僕が掘ってん！」とうれしそうに伝える子どももいて，親子の会話のきっかけとなりました。コンポスターも発展し，0〜3歳児クラスでは保育者と一緒におやつにでた果物の皮などをコンポスターに入れ，菜園にいったときはコンポスターの様子を観察するようになり，4・5歳児クラスはコンポスターに虫に食べられたトマトや，腐ってしまったザクロ，拾った落ち葉などを入れスコップで土と混ぜ，できあがった腐葉土を畑にまき，新しい作物を育てる活動をするようになりました。

7. 5年目〜主体的に研究に取り組む

　実践研究を開始して5年目となりました。実践研究の土台として，保育者が事例を書き，その事例に基づいて事例研究会を毎月開くことは継続しています。係活動は，研究推進委員と菜園係がそれぞれ3年目，エコ係・絵本係・ポスター係が2年目に入り，異なる係を担当できるよう担当者を入れ替え，そして，新しく保育課程係と保護者PR係を作りました。前年度にすべての保育者が係を担当したことで，

その活動に関する自覚が生まれ，それぞれの活動が前に進んだと園長は実感したので，前に進めたいことを係活動にすればよいのではないかと2つの課題に対応するために新たに係を作りました。1つの係の担当人数は減りますが，継続している係はそれまでの実績があるので活動内容の予想が立てやすいこともあり，対応できると考えました。

🐝 保育課程係

　保育課程は，保育園の保育の土台となるものです。実践研究に取り組み始めてから環境教育とみなせる保育内容は充実してきましたが，保育課程や年間計画に「環境教育」という言葉はなく，「食育」の欄に入り込んでいる状況でした。また，環境教育の実践が今まで行ってきた保育の上に追加としてあるのでは，本来の環境教育とはいえません。そこで，保育課程に「環境教育」をしっかりと示す必要があります。しかし，保育課程を見直すことは容易ではありません。そこで，園長と副主任，保育者歴16年目のベテラン保育者の3名が担当となって，月1回見直しのための話しあいをすることにしました。見直しをすると，今までの保育課程では環境保全や環境問題，食物網などへの気づきや命を大切にすることなどが表現できていないことに気づきました。五感を働かせて活動することや自然への興味や関心を高めること，命の大切さを理解できるようになることなどを加えることにしました。保育課程の見直しには，進行中の保育実践からのフィードバックが重要です。そこで，各クラスが具体的に取り組んでいる実践内容を出してもらい，各年齢の「ねらい」も入れて年間指導計画を作成し直しました。どの保育者が担当しても1年を通してクラス運営で環境教育ができるよう，0歳から5歳までの6年間を通して継続する活動やそれぞれの年齢にあった活動を入れてみました。なお，この係を始めた当時は，『保育所保育指針』で「保育課程」という言葉が使われていましたが，今は使われていない言葉です。しかし，この保育課程係がしようとしていたことは，まさしく，カリキュラム・マネジメントの試行といえるものでした。

🐝 保護者PR係

　もう1つ，保護者との連携という課題に具体的に取り組んでいくために新しく作ったのが，「保護者PR係」です。環境教育に取り組んできた5年間のなかで保育者の自然や環境に対する意識が向上し，子どもの自然に対する興味や関心が高まり，保育者と子どもの双方に物を大切にしたり命を慈しんだりする心が育ったと保育者は実感していました。そして，今までも保護者には子どもが活動している様子を保育参観でみてもらったり，実際に活動に参加してもらったりして，園の取り組

季節の写真・季節のテーブル

みに理解や共感をもってもらえるよう機会を作っていました。毎月の園だよりにも「身近な生き物」と題してオンブバッタやテントウムシなどの写真を掲載し，生態について簡単に記載し，2 週間に 1 度発行する「クラスニュース」で環境教育に関する活動をしている子どもの様子を写真つきで報告し，活動のねらいや成果も説明してきました。しかし，保護者が本園の取り組みを知っているか，どう評価しているか，環境教育に興味・関心があるか，どのような意識をもっているかはわからないままでした。

　そこで，保護者にも環境教育に興味をもち，園の実践に共感してもらい，家庭においても実践してもらうことを目標に保護者 PR 係が考えたのは，「季節の写真」と「季節のテーブル」でした。「季節の写真」は毎月，玄関に掲示しました。保育者だけでなく，保護者にももってきてもらうように呼びかけると，「先生，私の田舎の田植え，稲刈りの写真です。貼ってもらえますか？」など，多数の保護者が協力してくれました。「季節のテーブル」はクラスで収穫した野菜や保護者からいただいた自然物を展示する場所です。「先日，クリ拾いにいってきたときのクリですが，子どもにみせてあげてください」とイガのついたクリを持って来てくれたり，ミカンのなっている枝を持って来られるなど，保護者の関心が高まりました。園で栽培している六尺ヘチマの苗を玄関に置き，自由に持って帰ってもらうことにすると，持ち帰った保護者からは「大きく成長していますよ」「ヘチマの実がなりました」などと喜びの声が返ってきました。冬至には，テーブルにユズの実のなった枝を展示し，昔から伝わる冬至の習わしを子どもに話し，園長の自宅の畑で収穫したユズの実を全園児に配布してみました。すると，「初めて柚子風呂に入りました。子どもも喜んでいました」という感想をもらえました。

　また，日々の子どもの活動がなるべく保護者の目に留まる機会を増やすよう担任に働きかけました。例えば，1 歳児クラスの保育参加では親子で一緒にハツカダイコンの種まきをし，成長の様子を写真に撮って保護者にもその後の様子がわかるように報告を続けたり，飼育しているカブトムシの幼虫の世話をわざと夕方のお迎えの時間にあわせたりしました。保育者が幼虫を手の平に乗せている様子をみて「わぁ〜先生，気持ち悪くないの？」という保護者がほとんどですが，「私も子どもの頃によく触っていたわ〜」と手にする方もおられます。子どもたちも決して幼虫に対して乱暴なあつかいをしないため，「子どもたちもえらいね〜」と感心する声も聞

くことができました。そういうときにはすかさず，物の大切さや命への愛おしさが
育っていることを説明し，環境教育の取り組みのすばらしさを強調するようにしま
した。

🐝 他の係活動も発展

　他の係もそれぞれ今までの活動に加えて，発展を考えて活動しました。エコ係は，
エコブックのページを増やし，新しくページを加えるときは必ず各クラスで1回は
読み聞かせをするようにしてもらいました。例えば，エコブックで取りあげたこと
をきっかけに，手洗いの方法を1から伝え直すことができ，子どもは水道の使い方
を考え，水がポタポタと落ちていたら自ら水道をぎゅっと閉めたり，石けんの泡を
たくさん使わないようにしたりするなどの行動がみられるようになりました。菜園
にある雨水タンクにたまった水を見つけて，「こっちに雨水が溜まってるからこれ
から使おう！」と自分から水道の水を使わずに野菜の水やりをする姿を見かけるよ
うにもなりました。「気温の変化や温度の大切さ」のページを読んだときに熱中症
や地球温暖化についての話を伝え，地球温暖化にならないようできることは何かを
話しあうと，保育園でできることと家でできることがあると子どもたち自身で気づ
くことができ，家庭でも節電や節水を積極的に実践するようになったと保護者から
報告をいただきました。また，エコ係の目標でもある保育園の「環境方針」を決め
るための情報収集をし，他の職員に「環境方針」とは何かを説明し，企業の環境方
針の例をみせたりしました。

　絵本係も例年通り，環境教育に適した絵本を探して準備しました。3歳以上の子
どもには，小学校低学年用の環境絵本など少し高度な内容の本も用意し，低年齢児
には食べ物・植物・動物の存在に興味・関心をもつことができるようなもの，これ
から気づいていってほしいような自然界に関わる絵本で，絵を見て簡単な言葉で楽
しめるものを集めました。すると，0歳児でも，絵本で知ったカキの実を散歩中民
家の軒先で見つけ保育者に知らせる姿がみられるようになりました。また，子ども
をみていると絵本の絵や内容だけでなく大きさも重要と気づき，子どもの手に持ち
やすい手の平サイズの図鑑『ちいさなずかんポッケ春夏秋冬』や『さんぽずかん春・
秋』（いずれも学研）を準備すると，1～3歳児にはとても好評でした。エコブッ
クの内容につながる絵本も用意し，エコブックのページを読む際に活用してもらい
ました。また，堺市のゴミ減量マスコットキャラクター「ムーやん」と一緒に地域
に出てゴミを拾う活動を体験したことを機に5歳児の活動として園周辺のゴミ拾い
活動を継続していますが，その活動にあわせて『やまからにげてきた・ゴミをぽい
ぽい』（童心社）や『パッカーくんをたすけるぞ』（八尾市）の絵本を読んだりして
もらいました。その結果，体験した活動と絵本の内容をつないでいくことで子ども

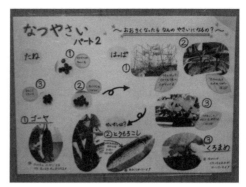

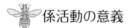
手づくりポスター

の意識向上に相乗効果をもたらすことがわかりました。

　ポスター係も新たなポスターを追加していきましたが，前年度取りあげることができなかった「植物」をテーマに身近な生活のなかにみられるものを意識して，各クラスが育てている野菜や植物の成長を取りあげたり，クイズをつけ，メリハリのある色のはっきりした写真を使ったりしました。3〜5歳児は子ども同士でクイズを解きあったり，一つひとつの言葉を手でたどったりし，低年齢児は写真を指さしたり，「これは何？」と不思議に思うことを保育者にたずねてくれたりしました。

　菜園係は例年通り，各年齢で年間を通して様々な栽培を経験できるように工夫しました。新たな取り組みとして，まず，腐葉土ができあがったコンポスターと熟成中のコンポスターに「×」，空のコンポスターに「○」の札をつけて，子どもが自分たちで区別をしてコンポスターを利用できるようにしました。そして，菜園のなかで日陰や日向，風通しのよいところなど温度差の違いがありそうな3か所に温度計を設置し，エコ係に依頼してエコブックのテーマに気温や地球温暖化，熱について取りあげてもらいました。さらに，植物と動物のとのつながりをみることができるようにとジュンベリーの木にエサ台を作ってみました。鳥の糞がみられるようになると子どもも気づき始め，騒がず静かに過ごしていると子どもが菜園にいても鳥が来ることもわかりました。菜園にも様々な虫が暮らしていることに気づいてもらいたいと考え，11月にはマツとクスノキに「こも巻き」をしました。そして，栽培物や園芸種のほかに地域の土をご近所からいただき，自然の土だけのプランターを作りました。水やりだけをしてみていくうちに，オオイヌノフグリやカタバミ，ホトケノザが生えてきて，ツユクサやカヤツリグサ，イヌタデ，エノコログサも生え，ダンゴムシやヤスデ，シジミチョウがみられるようになりました。

係活動の意義

　係活動が当たり前のようになってくると，連携が生まれます。例えば，温度計を

設置した菜園係がエコ係に依頼して気温を取りあげてもらい，絵本係が気温に関する絵本を探すというような動きです。担任はそれらを実践のなかで活用します。菜園係がコンポスターを使いやすくすればエコ係がコンポスターのページを作るとか，保護者PR係が担任に活動時間を考えてもらうような連携もありました。各係の担当者の多くは担任でもあり，各担任は係の立場からはすべての年齢児のことを考えて保育環境全体を考えます。そして，担任としては自分が担当するクラスの活動を考え，実践し，事例を抽出します。縦糸と横糸が織り込まれた織物のような感じであり，すべての保育者が自分の目の前にいる子どもと自分の実践だけではなく，係の視点から園の保育全体をみるのです。係活動の意義はそこにもあります。また，係活動の動きは，事例研究会で全員が集まったときに報告して，それぞれの係の動きを確認できるようにもしています。もう1つの意義は，保育者が自分で係の活動を考えることから，主体的に取り組む動きが生まれることです。年によって，担当者によってどのような活動をするかは異なるのですが，そうした具体的な活動は係になった保育者が保育の実態や子どもの実態をみながら，自ら考え出したものなのです。

　係活動はその後も地域PR係を加えて継続しました。各年度の係が行う活動は実際には担当者が変わるので年によって異なります。内容が詳細に決まっていて，それに従って同じことを毎年するのではなく，その年の係が自分たちで何をしたらよいか考え，決めて，動いていきます。よい活動がなされても次の年にはその活動が消えていくこともあれば，新たな活動が生まれることもあります。何となく停滞している印象の年もあります。以前の係が作った掲示物などは活用されていきます。係になった保育者の考えや力量，取り組み方によって，活動内容は変わっていくのです。2017年度からは，それまでの「研究推進委員・菜園係・エコ係・絵本係・ポスター係・保育課程係・保護者PR係・地域PR係」の8種類の係を「稲作係・エコマネジメント係・園庭係・カリキュラムマネジメント係・玄関ホール係・菜園係」の6種類に組み直し，それらのすべての係が絵本やポスター，保護者や地域へのPR・連携を意識していくことにしました。

8. 個人がすること・全体ですること

　登美丘西こども園の実践研究では，以上のように保育者一人ひとりが環境教育の観点から事例を拾って記録に取り，係活動に取り組んでいます。これは個人や小グループとしての動きですが，こうした動き以外に全体として実践研究の目的や現状を共有するための仕組みがあります。5年目あたりから，こうした個人がすること・全体ですることの基本形が定まってきました。ここでは，全体ですることを紹介します。

毎月の事例研究会

　事例研究会は個人が取りあげた事例についてみんなで討議する場として，実践研究を園全体に広げた 2 年目から始めました。研究推進委員は集まった事例にすべて目を通し，研究会で取りあげる事例を選び，それをもとに討議します。事例を書いた保育者が説明し，それに対する討議の時間があり，こうすればよかったのではないかというアドバイスやあつかった自然についての情報共有がなされます。ある保育者が取り組んだ活動や言葉がけ，考え方などを他の保育者が学ぶ機会になっています。新任の保育者にとってはその場にいるだけで，大きな学びになっていると思われます。他の保育者の意見や感想を聞くことで，自分の言動や読み取りを振り返ることができ，自分の振り返りそのものを振り返ることにもつながります。保育のなかで自分の対応がよかったのかどうか迷いがある場合も多く，どうすればよかったのか，同僚の意見を聞くことができます。同僚からなぜそうしたのかと質問されることもあれば，経験を積んだ保育者からこうしたらよかったのではないかなどのコメントをもらうこともあります。

　登美丘西こども園では事例を書く用紙の形式を定めてあり，保育者は毎月自分の実践のなかから事例を選んでそれに書き込み（実践研究開始当初は月 2 事例，4 年目以降は 1 事例），研究推進委員に提出し，事例研究会に持ち込まれます。つまり，その記入用紙が，保育者が事例を書く際の拠り所となります。今までこのような記録は書いたことがないという保育者が初めて書くわけですから，初年度は事例を取りあげる視点も「五感を使った事例」「子どもの主体性が読み取れた事例」というわかりやすいものから始め，A5 サイズの用紙に好きなように書きました。好きなように書くことは今も同じです。その年の後半期には「自然体験と生活体験をつなぐ（つながり）」という視点に変えて継続しました。そして 2 年目も同じことを繰り返しました。3 年目には事例を記録する際の記録用紙を A4 サイズにし，「今月の子どもの様子」「今月クラスで取り組んできた活動内容や環境の工夫」「事例」「事例を通しての意見や感想」と 4 点に分けて記入しやすくしました。そして，「子どもの主体性を大切にする」「五感を重視する」の 2 点は常に意識する項目として定め，年間を通して「つながり」を意識する観点としました。後期には「子どもの主体性」「五感」「つながり」という観点を意識しているかどうかを確認するためのチェック欄を追加しました。その後も少しずつ事例を記録する用紙は変わっており，この方が書きやすいのではないか，この欄の記入が弱いのではないかなどと考えて，変えていっているのです。なお，「つながり」という観点は現在も事例の記入用紙にあるのですが，その意味は自然体験と生活体験をつなぐことだけではなく，生物同士の関係や生物と環境との関係なども含む「つながり」としてとらえるようになっています。表 2-1 は 2019 年度の事例記録用紙です。

表 2-1　事例記録用紙（2019 年度版）

事例シート　　　年　　月　　日	氏名：	（　　）歳児	（　　　　）ぐみ・ファミリー
事例に至るまで	事例（　　　　　　　　　 ）		事例以降の発展
●今月のクラスの様子・取り組んできたこと			●この事例のあとで保育者として取り組んだこと
●この事例の活動をした背景・この事例を取り上げた理由			
●この事例に登場する子どもの実態			●この事例に登場する子どものその後
★この事例のなかで「つながり」の気づきや学びの機会があったと考えた理由		★意見・感想等	

「つながり」の事例を探し、そこで子どもの主体性や五感の利用が確認できるような事例の記述にしてみましょう。事例が起こる前の状況から書き始め、事例の説明、その後の状況まで含めて書いてみましょう。

🐝年度始まりの確認

　環境教育をテーマに実践研究をしているため，事例を書く際の観点は環境教育です。しかし，同時に，環境教育をうまく進めていくことができる保育であることが基礎として必要です。そこで，3年目から，年度始まりには環境教育を念頭に保育として意識してもらいたいことを私から伝えることにしました。表2-2は2019年度の始まりにお願いしたものです。今では，これを4月の事例研究会で全保育者に配布して，確認することになっています。保育者全員で何となく確認するだけで，何かあるごとに見たりするものではありません。最初からすると少しずつ変わっているのですが，基本は変わっていないので，毎年同じことを改めて確認するという感じです。同時に，各係が今年取り組むことの確認もあわせてお願いしています。

🐝園内研修会と実践報告の作成

　登美丘西こども園では，毎月の事例研究会のほかに，年に2回，幼児期の環境教育とは何かについて学ぶ研修会を開いています。法人内にはもう1つこども園があり，そちらも開園当初から環境教育の実践研究を継続しているので，法人としての合同研修会です。そのときの保育者の実態やその年に取り組んだことなどもふまえながら，講演形式でしたり，グループに分かれて討議する形式でしたりしています。「幼児期の環境教育＝自然体験・環境配慮行動を教えること」ととらえるのが一般的であるので，そうではなく，「環境観を育てること」というのは簡単には伝わりません。事例を選び出すときの観点も「つながり」という言葉をあげているのですが，「つながり」とは何かを理解することも難しいのです。そこで，幼児期の環境教育について学ぶ，考える機会としての研修会を法人として実施しています。1時間半ほどの研修会ですが，年に2回程度話を聞いたところで，どのように実践したら環境教育になるのかという答えは手に入りません。それでも，研修会を継続していくことで少しずつ理解は深まっていくのです。

　もう1つの園としての取り組みが，私の所属する大学にある幼児教育実践研究センターが発行する紀要（大学などが定期的に発行する学術雑誌）に毎年，実践報告を書くことです。年度末に発行されるため，例年，秋から少しずつ保育者が分担して書き始めます。冬に管理職がまとめて，私が読み直し，考察などを書き足して完成させていきます。事例のなかから特に環境教育の実践とみなせる事例を保育者自身が選んで詳細に説明し，また，係活動を報告し，その年度の成果と課題をまとめます。保育者のまとめたものを私が整理して，環境教育の観点からの考察がより明確になるように加筆していきます。保育者はもちろん環境教育の観点で選び出したり，書いたりしているのですが，この原稿を作り上げ，私と何度かやりとりをする

表2-2　年度初めの確認事項（2019年度版）

1．基本の構え
　○保育とは何か？
　　・子どもに多様な経験を与えることではなく，子どもが自ら切り開く力を育てること
　　・既存の知識を学ぶのではなく，学ぶ方法を学ぶ
　　・経験の数・種類を増やすのではなく，1つの経験の中身を豊かにすること
　○子ども自身の考える力や答えを見つける力を育てるために保育者はどうしたらよいか
　　・そのような環境を作る…本・ポスター・図鑑　そのときだけではなく，いつでも使える
　　・答えを与えずに，問いを出す
　　・待つ…自らやろうとすることを待つ　やりとげるのを待つ　答えを待つ
　　・子どもの学びの過程を子どもにもみえるようにする…壁面を活用

2．取り組むこと
　○言葉での表現ができない段階の子ども
　　・わからないと思わず，保育者の思いを伝える　感じたこと・考えたこと・伝えたいこと
　　・答えを得られるかどうかにかかわらず，子どもの意志をたずねる　どっちがいい？　何をしたい？
　　・子どもの発見等，主体的な動きを少しでも認めたら，言葉で共感したり，評価したりする
　○言葉での表現ができる段階の子ども
　　・答えを与えない…調べてみようか？　聞いてみようか？　どうしたらわかるかな？
　　・考えさせる…どうしたらいいと思う？　いい方法を考えてみて。　教えてくれる？　どっちがいいと思う？　なぜそう思う？
　　・保育者が説明するときも子どもが自ら考える過程を含む…〜だけれども，なぜだと思う？　〜しなければならないのだけれど，どうしたらいいと思う？
　○話す・聞く機会を毎日作る
　　・輪になって平等の立場で話す・聞く
　　・2歳児−5歳児まで全クラスで
　　・話題　何が好き・どれが好き→何をした・どう感じた・どう思う・どう考える・どうしたらいい
　○植物遊びを考える
　　・おろし器・すり鉢を菜園の玩具に（葉っぱ，実，捨てる野菜などを使ってみる）
　　・採って遊んでもよい植物を考える　雑草を生やす
　　・採り方を考える　根っこから採ったらどうなるか，どのくらいならもらってもいいか
　　・遊ぶ時間を確保する
　○子どもの学びを子ども自身が確認できるようにみえる化する（3−5歳児）
　　・子どもが何か発見したり，気づいたりしたら，子ども自身が絵や言葉でそれを表現できるよううながす　それを保育室など継続して確認できる場に示す　続ける・広げる　その後も継続する学びをうながす
　○保育者が批判的思考に気づく
　　・可能なら，批判的思考を子どもの参画に結びつけるような働きかけを意識する

過程で環境教育の観点を改めてとらえ直していく機会になるようです。そして，自分たちの1年間の実践が，全体としてみれば環境教育の実践であったことを再認識するのです。また，1年間のまとめをすることで，取り組めていないところや問題点などを園として確認し，次の年にそれに取り組んでいくという流れもできてきました。

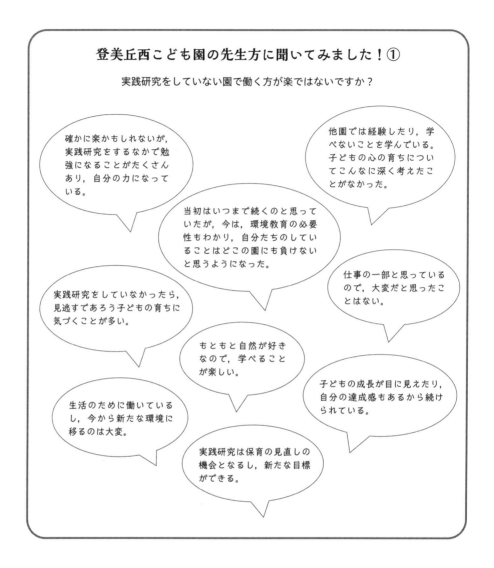

9. 管理職と助言者の立ち位置

　保育者が自分の成長を願って自ら外に学びに行く外部の研修会とは異なり，園に勤務する保育者からすれば，園内における実践研究は園で働く労働者の義務として参加しなければならないものであり，時間的にも心理的にも負担増になる取り組みです。園内研究をしない園に勤めている場合の方が労働者としては楽でしょう。しかし，園内研究に取り組む園に勤務する方が保育者として成長でき，自分の専門性を高められることも確かです。専門職としての保育者は労働者としての側面と保育の専門家としての自らの成長の2面のバランスを取りながら働きたいと思うはずです。そうしたことをふまえると，実践研究は従事する保育者の精神的な負担をなる

べく減らすことが重要で，かつ，継続していくうちに実践研究が自分の成長につながっていると実感できたり，その過程で面白いと思えたりすることが理想です。そうなるためには，管理職と助言者の立ち位置も重要になってきます。登美丘西こども園のように環境教育の実践のあり方を探るというテーマを定めた研究であっても，個々の保育者にとっては保育者としての成長が優先されるべきであって，研究テーマの理解や実践力の向上はその成長のあとからついてくればよいと考えられます。

実践研究における管理職の立ち位置

実践研究が既に園の文化となっていて，どの保育者にとっても取り組むのが日常の業務の一環となっているような公立幼稚園の場合と，初めて取り組む私立園の場合は実践研究に取り組む負担感も同じように考えられないでしょう。私立園では法人によって多様な経営・管理形態があるため，それぞれの状況に応じた動きが必要だと思われます。

登美丘西こども園はもともと自分が望ましいと思っている保育をしたいと望んだ園長が当時一緒に働いていた仲間に声をかけて民間移管に手をあげたことから始まった園であり，みんなでよい保育を追求していこうという雰囲気があり，保育についての保育者の裁量度は比較的高い園だと思われました。もちろん，園長を始めとする管理職の考え方に，あとから入った保育者たちは沿うように動いていきますが，これは業種を問わず，公立・私立を問わず，どんな職員組織でもあることです。実践研究は園長以下の管理職が実施を決断したのですから，トップダウンです。また，実践研究の開始後に採用された保育者にとっては，最初から実践研究は仕事の一部とみなされています。新採用の保育者にとっては初めての経験であるため，保育者集団の中に実践研究の初心者と経験者という違いが生まれます。保育者たちは，管理職かそれ以外か，保育の初心者か経験者か，実践研究の初心者か経験者かというような，それぞれの立ち位置にいます。

なるべく保育者に主体的に関わってもらうために提案した係活動でしたが，それぞれ異なる立ち位置にいる保育者間のパワーバランスを和らげることに役立った印象がありました。例えば，事例研究会では，実践研究を開始した初年度は園長と主任が司会をして進めましたが，2年目からは研究推進委員が担当しました。研究推進委員も現在では経験の長い保育者だけが担当するのではなく，若い保育者が担当することもあります。また，係の仕事は保育経験の長さにかかわらず初めて取り組むような内容も含まれているため，誰もが同じ立場で向かうことができたようです。係活動を始めた当初は管理職が保育者の力量や関心を見極めながら係を決めていましたが，今は担当したい係に手をあげることもできます。管理職は，この実践研究

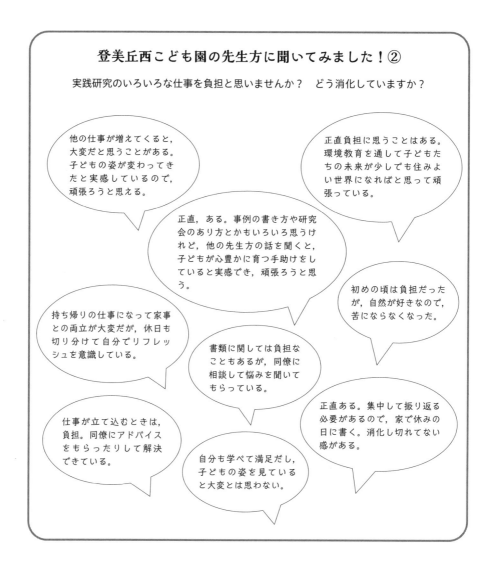

登美丘西こども園の先生方に聞いてみました！②

実践研究のいろいろな仕事を負担と思いませんか？　どう消化していますか？

他の仕事が増えてくると，大変だと思うことがある。子どもの姿が変わってきたと実感しているので，頑張ろうと思える。

正直負担に思うことはある。環境教育を通して子どもたちの未来が少しでも住みよい世界になればと思って頑張っている。

正直，ある。事例の書き方や研究会のあり方とかもいろいろ思うけれど，他の先生方の話を聞くと，子どもが心豊かに育つ手助けをしていると実感でき，頑張ろうと思う。

初めの頃は負担だったが，自然が好きなので，苦にならなくなった。

持ち帰りの仕事になって家事との両立が大変だが，休日も切り分けて自分でリフレッシュを意識している。

書類に関しては負担なこともあるが，同僚に相談して悩みを聞いてもらっている。

仕事が立て込むときは，負担。同僚にアドバイスをもらったりして解決できている。

正直ある。集中して振り返る必要があるので，家で休みの日に書く。消化し切れてない感がある。

自分も学べて満足だし，子どもの姿を見ていると大変とは思わない。

を始めてから，職員採用時には自然が好きかどうか・興味があるかどうかを確認し，また，採用後は実践研究に携わっていかなくてはならないことを説明しており，現在はそこを理解した人だけがこの園に就職するようになっています。また，着任前の内定者研修では，今までの実践研究の報告書を配布し，実践研究のテーマである環境教育についても説明する時間を取り入れました。

　こうして登美丘西こども園の管理職は，なるべくすべての保育者が実践研究を「やらされている」のではなく「主体的に取り組む」という動きになるような環境を作ってきました。例えば，助言者の私がこうしたらどうかと提案するときにも，園長を交えた管理職に話し，管理職がそれはできる・それは難しい・できる方法を考えてみるというように，園の保育全体や保育者の動きを考えて判断して，動いていきます。実践研究がうまく進むためには保育者集団が個性豊かな保育者によって構成さ

れながらも，保育の質を高めたい・専門性を高めたいという思いを共有するような集団になっていく必要があります。管理職や助言者に「いわれたことをする」だけでは，実践研究にはならないのです。保育者の入れ替わりがあれば，保育者集団の雰囲気はすぐに変わります。退職希望者が出たり，姉妹園を新設したりする度に園長は実践研究の停滞，あるいは，逆戻りを心配しました。しかしながら，10年も実践研究を継続すると，実践研究そのものが園の文化になったことを実感します。開始したときの保育者集団からすれば，残っているのは3割程度の保育者ですが，現在では養成校をでたばかりの若い保育者が就職しても，当然のように係活動に取り組み，事例を書き，実践研究に取り組んでいます。平均値は確実にあがっています。

実践研究における助言者の立ち位置

実践研究は園として取り組むものですから，外部の助言者が必要というわけではありません。実践研究の歴史が長い公立幼稚園でも，教育委員会から指定を受けて発表するような年には外部の専門家に助言を依頼することが通常ですが，園だけで取り組む場合には教育委員会の主事だけが助言者として関わったり，あるいは，助言者なしに自主的に研究に取り組む場合もあるようです。登美丘西こども園も私が助言者として関わるようになったきっかけは，堺市の研究事業に応募したことでした。応募には専門分野をもつ外部の助言者が条件として求められていたのです。

結果として10年も継続する実践研究となったのですが，助言者としての私も試行錯誤で動いてきました。私の研究テーマは幼児期の環境教育ですが，そのなかで自然との関わりをあつかうことが多いため，自然というテーマで講演を依頼されたり，実践研究の助言者として呼ばれたりすることもあります。しかし，そもそも自然というテーマへの関心は低い上に，講演時に関心をもってもらえてもその場限りで，おそらく次の日からの保育には影響しません。また，実践研究期間が1年や2年の場合，助言をすれば，その期間はそれなりに園内環境も実践も変わるのですが，それが終われば保育者の興味は別のことに移り，忘れられていくということも経験してきました。保育者自身がそのつもりにならない限り，外部の専門家の影響はないといっても過言ではありません。

登美丘西こども園は実践研究を始める前も今も保育を営む場所であることには変わりありません。実践研究はその保育という営みに，新たに追加された取り組みでした。保育はとにかく忙しく，かつ，責任のある営みですから，そうした追加の取り組みには時間を取られますし，やらなければならないものとしての心理的な負担もあります。そうした心理的な負担感が大きくなりすぎると，継続が難しくなります。一方で，少しずつ，実践研究を前に進めていかなければなりません。登美丘西

こども園の場合，園長を中心とする管理職がそこをしっかりと押さえて動いていきました。特に最初の頃は，焦る必要はない・無理をする必要はない・できる範囲でよいということを，私も繰り返し伝えていました。この点は実践研究において最重要だと思います。

　また，登美丘西こども園の実践研究のテーマは幼児期の環境教育という新しい教育課題であり，どのような実践が環境教育として望ましいのか，どこにも答えはありません。こうすれば環境教育実践になるという明確な答えはないのです。幼児期の環境教育を研究してきた私には，提案できることはたくさんあるのですが，私自身は実践者ではなく，保育の現場は一つひとつ異なっているので，その提案が本当に現場で受け入れられるのか，また，効力をもつのかについての確信はありません。こうした新たな課題に取り組む実践研究は，単に保育の質をよくすることを目的とした実践研究とは異なり，新たな課題においてどのような実践が望ましいのかを探究するという目的があります。その意味で，登美丘西こども園の保育者と私は，保育者と助言者という立場よりは，幼児期の環境教育の実践研究を行う共同研究者という方が近いのです。私が理論を担当し，保育者たちが実践を担当するという分担ともいえます。

　実践研究のテーマが要領などに既に書かれているものである場合と，新たな教育課題である場合は目的が異なるとしましたが，助言者の役割もその実践研究が何をめざすのかによって変わるでしょう。実践研究が比較的狭い確立された分野をテーマに，年限を定めて明確な目的をもってなされる場合は，専門家から的確な助言やピンポイントで役立つ具体的なアドバイス，あるいは時には鋭い指摘をもらうことで，効率的に保育が変化していくと思われます。一方，登美丘西こども園の実践研究は，保育の質を上げていくことと同時に幼児期の環境教育の実践とは何かを探っていくためのものでした。また，保育者にとっては初めての実践研究であり，他の保育園ではしていないような取り組みでした。そのため，歩みが遅くても自分たちで事例の書き方や内容について振り返り，自分たちでどうすればよくなるか学び合い，自分たちで改善していくというような集団としての成長がみられ，それが園の文化として根付くことの方が重要だと思われました。その過程で，幼児期の環境教育の実践とは何かが少しずつ明確になってくるような，そんな実践研究であればよいのです。

　そのため，助言者としての私は事例研究会には入らず，管理職ではない研究推進委員が研究会を運営するようにし，毎月保育者が書き込んでくる事例にも私は目を通して確認しますが，個々にコメントすることをしなくなりました。その書かれた記録だけをみると，そこに保育者や子どもの現実もみえて，いろいろ思うところもあるのですが，そこにあがってきたものが日々繰り返されている多忙な保育の一側面にすぎないこともわかっています。また，日本の保育の歴史や園の歴史を背負っ

たものであることも承知しています。記録の一側面だけをとらえてコメントすることは，保育者の思いをかき乱すことにもつながり，それが結果として実践研究そのものの負担感へとつながる可能性があります。事例研究会に部外者である私が参加したのも最初だけです。常に外部の第三者が入ってカンファレンスすることも1つの方法で，外部の人間が入ることで緊張感が生まれ，専門家から的確なアドバイスやコメントをもらえることは，それはそれで実践研究を進めるのに役立つのですが，登美丘西こども園の実践研究にはなじまないと思いました。私の助言は，事例をみながら，また，管理職から実態を聞き取りながら，事例の記録用紙を変えましょうとか係を作りましょうとか，今年はこれを意識してみましょうといった，非常に粗い，間接的なものです。また，自分の考えを伝えるときには，なるべく「やめましょう」ではなく「こうしましょう」という助言になるようにしてきました。そして，具体的な保育実践として何をどのようにするかは，その時々の保育者たちが悩みながら判断していきます。こうした助言者としての私の関わり方は意図してそうしたのではなく，焦る必要はない・無理をする必要はない・できる範囲でよいというメッセージを送るために，結果としてそうなったものです。こうした関わり方は園とのラポール形成にも役立ったような気がします。

　しかし，今では事例を書くのが普通の業務の一部になっていて，経験者ほど事例の内容もより研究テーマに即したものがあがってくるようになりました。また，係の活動内容のほとんどが，係となった保育者たちが自ら考え，自ら実行してきたものです。保育者は基本的に真面目で責任感が強い人が多く，また，保育をよくしたいと思っているので，事例を書くときも係を担当するときも，真面目に取り組んでいきます。私は，保育者が自ら考えた活動については，そのまま受け入れた上で，環境教育からみたアドバイスをします。ある人がもともともっている自然観や環境観が変わることは容易ではありません。保育観もそうです。しかし，まったく変わらないわけでもないのです。それは，1年や2年で変わるものではなく，また，助言者から指摘されたところで簡単には変わりません。一人ひとりの保育者が自分で新しい世界に開いていくときを待たなくてはならないのです。管理職や助言者に「いわれたことをする」実践研究は，保育者が主体的に保育の質を高める実践研究とは呼べないでしょう。

　幼児期の環境教育実践において最も重要なのは保育者がどのような自然観，環境観をもっているかであり，そこが変わると，実践や子どもの見方も変わっていきます。環境教育というテーマの下で，保育者が自分で考えた様々な取り組みを継続することが大切であり，登美丘西こども園でも年数をかけてゆっくりと変わっていき，何となく実践研究に取り組むことが当たり前になり，幼児期の環境教育とはこういうことかという感覚が身についてきたという印象です。10年前なら受け入れられなかったことが今は当たり前のように受け入れられています。保育が幼児の主体的

な活動を重要だとするのと同様に，実践研究も保育者たちの主体的な活動となって
こそ，意義のある実践研究となるのでしょう。特に，幼児期の環境教育のような新
たな道を探っていく実践研究の場合，保育者の当事者意識が重要であり，時間をか
けて，保育者が主体的に研究を続けた結果，気がつけば変わっていた・深まってい
たというのがあるべき姿だと思われます。助言者は，方向性を示すナビゲーターの
ような存在といえるかもしれません。

第3章
子どもが変わる

1. 環境教育の実践で育ってほしい子どもの姿

　2010 年に始まった実践研究は保育者たちの努力で，少しずつレベルアップしながら継続してきました。この章では，実践研究の過程でみえてきた子どもの姿を学年ごとに紹介します。

　幼児期の環境教育をテーマとした実践研究の初年度に保育者たちは育ってほしい子ども像を，「身近に自然を感じ，自然が大好き，大切にしたいと思える子ども」としました。ただ，日本の保育は大正時代から子どもが自然と関わる価値を長い間認めてきたので，『幼稚園教育要領』や『保育所保育指針』をみると丁寧に書き込まれています。それは古い要領や指針をみても同様です。そのため登美丘西こども園の保育者たちも，この実践研究に取り組む前にも，自然との関わりは大切にしてきたし，実践してきたのです。この目標は，実践研究の当初，まだ保育者たちが環境教育とは何かがわかっていないときに立てられた目標です。自然との関わりを主題に園内研究をしようとする園なら，どこでもこのような目標を立てそうです。登美丘西こども園は，現在も同じ目標の下で研究を継続しています。しかし，環境教育をテーマに実践研究を続けるなかで，言葉は同じですが，保育者のとらえ方は変わってきています。つまり，「身近に自然を感じる」「自然が大好き」「自然を大切にしたい」という子どもの姿の中身です。環境教育の観点からみた場合の「身近に自然を感じ，自然が大好き，大切にしたいと思える子ども」に育っている子どもの姿とはどのようなものか，読み取っていただきたいと思います。

2. 0歳児

　登美丘西こども園では0歳児クラスの保育室でも小動物を飼育しています。年によって違いますが，カタツムリやカブトムシの幼虫などです。もちろん，0歳児が世話をすることはないので，保育者が世話をします。継続してこうした生き物の世話を子どもの前でしたり，少しの時間を見つけては菜園に行くなど日々の小さな積み重ねを続けるようにしています。そうすると，次第に保育者の真似をして「花に

水をあげたい」「エサをあげたい」と子どもたちが表情や仕草で表してくれるようになってきます。一人ひとりの反応は乳児でも様々で，また，月齢によって，虫を怖いと感じず乱暴に触る，少し成長すると反対に怖がる，さらに成長すると愛おしそうに触れるなどの変化もみられます。保育者の言葉がけや受け止めは重要で，例えば，木の下で座り込んで拾い集めた葉っぱを触っている0歳児に，いつものように「何してるの？」「パリパリしているね」と保育者が声をかけると，子どもが木を指さし，目で何かを訴えていることがありました。子どもが指さす方向に抱き上げてみると持っていた落ち葉をその木に何度も戻してあげようとするのです。0歳児でも葉っぱが木の枝についていたということを理解していて，単に葉っぱを触るだけの感覚遊びに終わらず，一歩認識が進んでいることに気づかされたといいます。0歳児だからわかるはずはないという保育者の先入観が実は子どもの気づきを見逃していたり，あるいは，豊かな経験をさせないまま終わっていたりすることに保育者自身が気づくようになってきました。0歳児がみせる姿から，0歳児の経験をいい加減に考えていてはいけないということがわかります。

【カブトムシの世話】

大きな幼虫に目がくぎづけ！

　0歳児クラスで，前の年に卵からかえったカブトムシの幼虫を2匹飼っていました。幼虫のときには大きいフンをするので，保育者はそれを取り除き，土を清潔にしたり，霧吹きで土を湿らせたりと幼虫が過ごしやすい環境を作っています。ケースを掃除するときには，子どもたちも寄ってくるので，幼虫を手に取り子どもたちの前へ持っていくと，最初は警戒します。けれども，1人が触ると大丈夫だとわかるようで，次々に指先で触り始めます。そして，7月に成虫になったときには子どもにも親しみやすくなるようにカブマルくんと名前をつけました。成虫になってからも，毎日，棚からカブトムシのケースを下ろし，霧吹きをしたり，昆虫ゼリーを代えたりと子どもたちの目の前でカブトムシの世話を続けました。すると，ある日の朝，登園してきた0児（1歳3か月）が，真っ先にカブトムシのケースに近づき，保育者の顔を見ながら「んっ！　んっ！」と指さしました。保育者が「カブマルくんおはよう」と言うと，保育者とケースを交互に見ながら，また「んっ！　んっ！」と言い指さすので，「カブマルくんを見たいの？」と聞くと，うんうんとうなずきます。カブトムシのケースを持つとすぐに他児も集まってきました。棚から下ろしてフタを開けると，一斉に中をのぞきこみます。0児が立ち上がり棚に向かい，棚の上にある霧吹きを指さしたので「シュッシュッし

てあげるの?」と聞くと，O児は「う
んうん」とうなずきました。保育
者が霧吹きを持つと，O児は手伝
うように霧吹きの底を持ちケース
に近づけました。保育者が霧吹き
するとケースのなかをじっと見つ
め，カブトムシや土の湿っていく
様子を見ていました。次に昆虫ゼ
リーの置いてある場所を知ってい
るO児はその方向を指さして知ら
せてくれます。「カブマルくんにご

こんにちは，カブマルくん

飯あげるの?」と聞くとうれしそうにうなずき，昆虫ゼリーを取り，フタを開けると，
自分があげたいと手を差し出してきました。そこで，保育者がゼリーを渡すと，O
児はそっとやさしく土の上に置きカブトムシの動きを見ていました。もう1つゼ
リーを開けると，D児(1歳1か月)も手を伸ばしてきました。D児もゼリーを受
け取ると，O児と同じようにそっとやさしく土の上に置いてくれました。置いたあ
とも，ケースを囲んだ子どもたちはその場を動かず，しばらくカブトムシを見てい
ました。

　月齢があがるにつれ，子どもたちの探索活動も活発になり，玩具や絵本などいろ
いろな物に興味をもち始めます。月齢が低い間は，カブトムシの幼虫もただそこに
ある物として眺めているだけでした。しかし，子どもたちの月齢があがってきた頃
にちょうどカブトムシが成虫になったので，子どもたちの前で世話をすることにし，
保育者の日課にすることにしました。保育者の世話する姿を毎日繰り返し見ること
で，子どもたちは毎日の保育者の動きに気づき，自分でやりたいと思う気持ちが芽
生えたようです。まだ言葉を使うことができない段階の0歳児ですが，保育者の行
動を観察し，その流れを記憶し，自分も同じことをしてみたいという意欲をみせま
す。しかも，エサのゼリーをそっとやさしく置くこともできました。それは，カブ
トムシを「物」ではなく，食べ物が必要な生き物であって，やさしく対応する必要
があるものとわかっているかのようでした。環境教育の観点からみると，身近に生
き物を観察し，触れ，配慮をもって接することに意味があるという価値観を0歳児
から伝えていくことが，生き物への共感を育てるという点で大切な基盤となります。
重要なのは，飼育することやそこから知識を得るということではなく価値観を伝え
るという点です。

【雨のなかの散歩】

　5月中旬，小雨が降っていました。保育室内では子どもたちが落ち着いて遊んで

いたので，1人ずつ抱っこをして
傘をさしながら園庭を散歩するこ
とにしました。普段，雨が降って
いる様子を窓から眺めていること
はあっても，雨のなかに実際に出
たことはなかったので，子どもの
反応を見てみたいと思ったので
す。園庭に出て，K児（9か月）
に「雨の匂いがするね」「雨がパ
ラパラ降ってるね」と声をかけな
がら手の平に水滴を落とすと，K

葉っぱが濡れてるね

児は自分の手の平を不思議そうにじっと見つめたので「手が濡れて冷たいね」と声
をかけました。しばらくすると隣の家の屋根でセキレイが鳴いたのに保育者が気づ
きました。K児もはっとした表情をして鳥がいる方を向いたので，「ピツィピツィっ
て鳴いてるね」と声をかけて，K児の気づきを言葉にしました。T児（12か月）
を連れ出したときは，カツラの葉に自ら手を伸ばして「あっあっ」と声を出してく
れました。以前にもカツラの葉を触ったことがあったので，濡れていない葉と濡れ
ている葉の違いを感じたようです。「葉っぱが濡れてるね」「ツルツルして面白いね」
と声をかけると，うんうんとうなずきながら濡れている葉をずっと触っていました。
M児（9か月）のときは，ゆっくり園庭内を歩いていると，ある場所で何か考える
ような表情をし，保育者に訴えるような目線を向けてきました。その目線を追って
いくと排水の会所で水が流れ落ちる音に気づいたようです。確かに耳を澄ませると
落ちた水滴が下のたまった水にあたる「ポタン，ポタン」という音が響いていました。
音の聞こえる方へ近づいて行き，「ここからポタンポタンと聞こえるね」「雨の水が
ここに流れていくんだよ」と声をかけ，会所をのぞいてみました。すると，M児も
真似るようにじっと音の出る方を見つめていました。

　言葉で表すことはできませんが，0歳児も何かを見つけたり，感じ取っていたり
して，それを保育者に伝えようとします。K児やM児の事例からは鳥の鳴き声や
雨水の音など普段大人が日々の生活のなかで見過ごしてしまいそうな音にも耳をそ
ばだてて気づくことができること，T児の事例からは以前の経験の記憶と今の経験
を照らしあわせて何かを感じ取ることができることがわかります。保育者はそれぞ
れの子どもの気づきを言葉にして返していますが，子どもの方も保育者が自分の気
づきに共感してくれたことをわかっている様子です。0歳の子どもはまだ何もわ
かっていないから環境に目を向けるような言葉をかけることが難しいと思いがちで
す。けれども，実際には環境の様々なことに自ら気づいています。それを子どもの
些細な表情の変化から読み取って認め，その気持ちを保育者が言葉にしたり，受け
止めたりすることで，子どもの伝えたいという気持ちが芽生え，主体的に気づき，

発見しようとする意欲が生まれ，そこからさらに思考したり，表現したりする力が育っていくのでしょう。そして，私たちの生活は自然があって成り立っているのですが，自然の存在に気づく感性をもっていなければ，その事実に気づくところまでいきません。雨が降ることで植物が生き生きとし，同じ世界に他の生物が暮らしていることに気づくこと，そして，いずれはその価値に気づいていくことが環境教育では重要です。0歳児で既にその気づきが始まっているのです。

【初めてのビオトープ】

　5月になると0歳児の子どもたちも園生活に慣れて，泣かずに過ごせるようになってきました。園庭に出るとハイハイをして探索活動を楽しんでいるのですが，なぜかビオトープに近づく子どもは1人もいませんでした。そこで，保育者は子どもを1人ずつ抱っこしてビオトープに行き，近くにあったカラスノエンドウを一緒に採って見たり「小川に何かいるかな」と話しかけ，生き物探しをしたりしてみました。これを何日か繰り返した5月末にはS児（9か月）が保育者が持っていたカラスノエンドウを手に取りじっと見たり，小川を指さして「あっあっ」と言って楽しんだりするようになりましたが，T児（11か月）は草が生い茂ったビオトープが怖いのか保育者が抱っこしてビオトープに入ろうとすると泣いて嫌がりました。その後も園庭に出ると子どもたちと一緒にビオトープに行き遊ぶようにしましたが，自らビオトープに行こうとする子どもはほとんどいませんでした。

　5か月が経った10月，歩ける子どもが多くなってきたので，子どもを抱っこせずに保育者は1人でビオトープの中に行き，小川を見てメダカ探しをしたり小川の水を触ったりしながら子どもの動きを見ることにしました。すると，それに気がついたT児（1歳4か月）がじっと保育者の様子を見ていて，ゆっくりとビオトープに近

小川に何かいるかな

づいてきたのです。春には怖くて泣いていたT児がビオトープに興味をもっている様子がうれしく「おいでー」と声をかけると，その言葉を待っていたかのように走って小川に向かってきました。すぐに小川の水に気がつき触ろうとしましたが，しゃがむだけでは手が届きません。保育者が「届かないね。もう少し前に行ってみる？」と声をかけると，少しずつ前に行きます。結局，小川の縁の土が柔らかくて滑り，水に片足がはまってしまいました。T児は「わー」と驚いたあと，面白かったのか水のなかで手と足を動かしてパシャパシャとし始め，声をあげながら大笑いしていました。その笑い声を聞いてH児（1歳5か月）とK児（1歳2か月）もビオトープにやって来ました。H児はT児が片足を水に入れたまま水を触って遊んでいる姿

を見て，すぐに真似して水を触り，小川のなかに入りバシャバシャとします。小川の水が濁ってきたので保育者が「ここにはね，メダカさんがいるんだよ。バシャバシャしたら驚いちゃうかもね」というと，2人の動きは止まり，小川から出てきました。その後も2人は水をのぞき込んだり触ったりして遊んでいました。保育者が「メダカさんいるかな」と一緒にのぞき込み探しましたが，姿はみられませんでした。そのとき，K児はその様子を横に座って笑いながら見ているだけでした。その後，保育室に入り絵本や図鑑に載っているメダカの写真を子どもたちと一緒に見て「ビオトープにはこの魚がいるんだよ」と伝えると，子どもたちはメダカの写真を指さして，興味をもって聞いていました。

　　数日後，園庭遊びをしているとK児の姉（4歳）が「こっちにメダカいてるから来てー」と保育者を呼んでくれました。保育者がK児の姉がいる池のそばに行き，しゃがんで水のなかを見ていると，K児がやってきました。そして，保育者の隣に座り，同じように水を見ています。保育者がメダカを見つけて「あそこにいるよ」と指さして伝えると，じっと見たあとにメダカが泳いでいるのについに気がついたのかK児は手をたたいて喜びました。それから，他の子どもも今までなかなか見つけられなかったメダカを見つけるようになりました。

　子どもが初めてのビオトープに興味をもてるように，保育者は子どもを連れてビオトープに行くことを繰り返しました。それを続けることで秋にはビオトープが楽しい場所と子どもが気づき，自らビオトープに行くようになりました。そうした誘いかけをすることがきっかけとして必要です。小川にはまってしまった子どもに対して，その事象をどのように受け止めるのかも重要です。保育者が「危ない」「濡れたらダメ」「困ったことをした」というような受け止めをすれば，子どもはそこで遊ばなくなります。自然に限らず，子どもの遊びに保育者の受け止め方は大きく影響するのです。この経験から，T児にとってビオトープは思いきり遊べる場所に変わっていくだろうと保育者は予測しました。また，保育者は「メダカがいるからバシャバシャするのはダメ」というのではなく，さりげなくメダカへの影響を伝えています。それだけで，0歳児クラスの子どもでも，自分で判断して対応ができるのです。メダカが見つからなくても，保育者は図鑑などの教材を使って子どもの関心を引きつけています。そうして，ついに自分の目でメダカを見つけたとき，その喜びは大きなものとなりました。低年齢児でも，こうした体験を通して，生き物の存在に気づき，その生息環境にも気づいていくのです。保育者の働きかけがいかに重要であるかがわかります。

3. 1歳児

1歳児も，日頃の保育が子どもの育ちにつながっているのかどうかをなかなか実

感しにくい学年です。しかし，焦点を定めて事例を選び出すことを続けていると，0歳児同様，子どもは大人が見逃しそうなところや実際に見逃しているところもよく見ていて，様々なことを感じ取っていることがわかってきます。そして，言葉にできなくても子どもが表情や仕草で表現していることに保育者が気づくようになります。1歳児クラスでもミニトマトやハッカダイコンなどの野菜を土入れ・種まき・水やり・間引き・収穫・食べるというすべての過程を経験できるようにし，保育者はその都度，丁寧に言葉かけをするように心がけました。そうするうちに，自分たちが育てていない草花に対してもやさしいあつかいをするようになってきました。また，あるとき絵本に出てきた花の匂いを嗅ぎたいと言った子どももいて，日頃，五感を使うことを意識して取り入れていることが身についていると実感したこともありました。そして，0歳児のときには子どもの反応に手応えがないように感じていたにもかかわらず，その子どもが1歳児となった年度にはその成果が具体的にみえることに保育者は気づき始めました。例えば，木の肌を触って感触の違いに気づくなど豊かな感覚があることをみせてくれたり，植物などにやさしく接する姿をみせてくれるなど，0歳児からの継続児の方が1歳児クラスから入園した子どもよりたけているのです。

【アゲハチョウの観察】

　7月，菜園にあるキンカンの葉についていたアゲハチョウの幼虫を成虫になるまで保育室で子どもと一緒に飼育観察してきました。飼育ケースは子どもの目線にあわせた場所に設置していつでも見ることができるようにして，毎朝，一緒に見ながら保育者が「あおむしさ〜ん，おはよう」と声をかけると，子どもたちも同じように「おはよう〜」と呼びかけます。毎日

きれいなアゲハになったね

青虫に声をかけることを楽しみにしている様子でした。幼虫が姿を変えていく様子も子ども自ら気づくことができるよう，さりげなく「幼虫さんどうしているかな」と声をかけるようにしてきました。すると，子どもたちは保育者の声かけにすぐに反応し，興味をもって飼育ケースをのぞくようになっています。何日か経って青虫がぱくぱくと葉っぱを食べだし，そわそわし始めたので，さなぎになるかもしれないと思い，子どもたちを呼び寄せ「あおむしさん何か変だよ。どうしたのかな？」と問いかけてみました。ものすごい勢いで葉っぱを食べている様子を見て，子どもたちは「おいしい？」と青虫に話しかけています。保育者が「あおむしさんは，こ

れからさなぎになって固まるんだよ。ゆっくり眠ってからチョウチョになるかな～」と話すと、「なる～」ととてもうれしそうな返事が返ってきました。青虫からさなぎになるまでは時間がかかります。活動の合間に何度か子どもと一緒にケースをのぞくようにしましたが、残念ながらその日は見ることができませんでした。しかし、翌朝、登園するとさなぎになっていたので、早速子どもたちを呼んで「あおむしさんがさなぎになったよ」と伝えました。T児が「あおむしさん、いないね～」と不思議そうに言います。他の子どもたちもじっと眺めているだけです。保育者は「あおむしさんはね、さなぎのなかでゆっくりおやすみしてからチョウチョになってでてくるよ」と話をしてから、さなぎにおやすみの挨拶をしました。何日か経ったある日、さなぎが羽化してチョウになる瞬間を保育室で見ることができました。さなぎがピクピク動いているので保育者は早速子どもたちに声をかけました。子どもたちも飼育ケースの周りに集まってきました。さなぎの背中が割れて出てきたチョウは最初の内は羽を丸めていますが、時間が経つと大きく美しく羽を広げて羽ばたき、飛び上がりました。羽化したチョウは外に放しました。

　次の日、保育者は「はらぺこあおむし」のエプロンシアターをして、表現遊びをすることにしました。「さあ、みんなもあおむしになってお散歩するよ～」と声をかけると、子どもたちは、床にゴロンと寝ころんで背中を曲げたり、伸ばしたりしながら青虫になったつもりでゴソゴソと動きます。次に、「あれ～、だんだん身体が固くなってきたよ」と声をかけるとY児が「ピタ！」と言って棚にくっつき、じっと止まっています。手を頭の上にあげて横向きになっていて、まるで、さなぎが木の枝にくっついているようにみえます。他の子どもたちも、それぞれが机や棚にくっついています。次に「あれ～、さなぎから何か出てきたよ。何だろう？」と問いかけると、W児が「チョウチョ」と大きな声で言いながら飛び始めました。その姿を見た他の子どもたちも全員が真似をして飛び始め、部屋のなかはかわいいチョウでいっぱいになりました。

みんなあおむしになって～

　保育の時間のなかでチョウの羽化という神秘的な瞬間に立ち会うことができたのは偶然ですが、幸運なことです。けれども、そこには保育者の気づきがあります。保育者が毎日世話をし、その様子を気にかけているからこそ、気づくことができたのです。また、保育者は世話する姿を子どもにみせ、常に子どもの関心がそこにいくように言葉がけをしてきました。1歳児クラスの子ども、つまり、2歳くらいの子どもでも、室内での継続的飼育と保育者の働きかけによって飼育動物に興味や関心をもち、飼育経験による学びが子どものなかにしっかりと残ることがわかります。

この担任はさなぎになるかもしれないという状況を見逃さずに保育に活かしました。そして，羽化を見ることができたという貴重な体験を受け止めて表現遊びにつなぎ，子どもの経験をより深い確かなものにしようとしています。1歳児クラスの子どもでも，幼虫がさなぎになり羽化してチョウになる様子を見て，肌で感じて記憶に残し，それを身体で表現することができるとわかります。もちろん，1歳児クラスの子どもは月齢差による違いが大きく，すべての子どもが同じように理解できるのではないのですが，仲間の姿に刺激を受けて自分の体験と照らしあわせ，自分の身体を使う表現へとつないでいます。飼育動物の世話をする保育者の姿をみて他の生物も生きるためには食べ物が必要であることを子どもは学んでいきます。そして，チョウは変態する生物であるので，鳥類や哺乳類の飼育では経験できない不思議を経験できます。同じ生物であっても多様な生き方があることを，ここで1つ経験しているのです。多様な生物がこの世界には存在することを知る，つまり，生物多様性の経験は環境教育として大切なことです。1つずつ数を増やしていき，それぞれの生物の存在の不思議さを知り，存在のあり方の多様性を知っていくことが，将来「生物多様性」という言葉の理解につながっていきます。

【園庭遊び】

　　夏，保育者は池のなかで泳ぐメダカを見つけたので，何名かの子どもの前でメダカを手ですくってみせました。すると「僕も，僕も！」と言い，自分もしたいとすくい始めました。M児はメダカにねらいを定めて手を入れようとするのですが，池にはまりそうになるし，手は届かないし，結果として捕まえられません。靴のつま先部分が池に浸かって濡れてしまいました。そのままどこかに行ってしまったのであきらめたのかと思いましたが，何やら長いわらのような草を持って池に戻ってきて，自分がメダカを見つけた場所にその草を垂らしました。手でできなかったのなら，草で釣ろうと考えたようです。その様子を見ていた他の子どもたちが，同じように葉っぱを取ってきて池に垂らし，魚釣り遊びを楽しみました。

　　秋の深まった園庭には，オオオナモミやコセンダングサなどのひっつきむしや他の草もたくさん生えています。10月のある日，子どもたちの洋服にひっつきむしがついていたので保育者は「これ種なんだよ，みんなの服から落ちてそこからまた，♪〜芽が出て膨らんで花が咲いて〜♪」と歌いながら説明してみました。それを聞いていたM児はピンときたようで，コセンダングサの先にできた種

どうやったらすくえるかな

を 1 人でちぎっては，何かつぶやいています。耳を傾けると「種，パラパラ～大き
くなーれー」と言いながらちぎっては，あたりにコセンダングサの種をまいていま
した。そして，その場所の種がなくなると，違う場所へと移動し，同じことを繰り
返しています。それを見ていた他の子どもが同じように「種パラパラ～大きくなー
れー」と言って，そのあたりに種まきを始めました。

　0 歳児クラスから在籍してきた子どもと 4 月から入園してきた子どもとでは，自
然に関する興味のもち方が違います。0 歳児のときから繰り返し園庭で遊び，伝え
られたことは積み重なって，子どもたちの身体能力の発達だけではなく，草花にも
やさしく接することや友だちにもやさしくできる気持ちなど情緒面での成長にも影
響を与えているように思えます。
　おっとりしていて友だちにもやさしくできる M 児は，自然に関わる遊びや虫探
しが大好きで，季節の移り変わりに応じて虫探しや植物の収穫などいろいろな体験
をクラスで取り組んできた間にも，自然に強い興味や関心を示してきました。どの
学年でも，クラスの子ども全員が自然に興味関心をもっているわけではありません。
しかし，M 児のような子どもが 1 人でもいれば，クラスに与える影響は大きいの
です。特に 1 歳から 2 歳は，友だちを意識し始める年齢でもあり，保育者や友だち
の言動を真似ながら，できることやわかることが増えていきます。この事例でも保
育者が少しだけ投げかけをしたことを M 児が受け止め，M 児のアイディアが他の
子どもにも広がっています。1 歳児でも仲間の影響は大きいのです。保育者が一方
的にすべての子どもに経験を与えることよりも，M 児のような子どもにそれとな
く働きかけることで，その子どもが主体的に学び，結果としてその学びが他の子ど
もに影響していくことの方が保育としてより意義があるかもしれません。M 児も
メダカを「草で釣る」ことを思いついたのですが，実は，草を使っての魚釣りは学
年が上の異年齢児や卒園した兄がよくしていた遊びでした。
　コセンダングサの種まき遊びの背景には，クラスで行ったハツカダイコンの種ま
き，その他の野菜や花を育てる経験があったのではないかと考えられます。1 歳児
でも経験を積み重ねるなかで「種はまくもの」「種から生えるもの」という素朴な
知識をもつようになり，その知識を遊びのなかで活用できるようになることを示し
ています。環境教育の観点からはメダカの生態の理解（どんなところで見つけられ
るか，どうすれば捕まえられるかなど），そして，コセンダングサについては，種
は子孫を残すための重要な役割があるものという理解をすることが重要です。体験
を通してそれぞれの生物種が異なる生き方をしていることを身体で知っていくこと
は生態系の理解に不可欠です。もちろん 1 歳児でそれらの深い理解はできません。
しかし，年齢が進むにつれて，M 児は経験を繰り返し，生態系やそこで繰り広げ
られる循環の理解，それらに価値があることなどを学んでいくと思われます。1 歳

児なのでわからないととらえず，保育者は伝えたいことを繰り返し伝え，同時に，自分で考えてやってみようとする力が子どもには備わっていることを常に考え実践するべきではないでしょうか。

【愛着をもって飼育する】

　0歳児のときに保育室でエサを与えたり観察したりして世話をしていたザリガニの「もも」は，進級にあわせて子どもと一緒に1歳児クラスに移動しました。子どもがクラスの新しい担任の手を引いてザリガニのそばに連れて行き，自分たちの友だちを紹介するように「もも」と教えてくれました。植物も動物も子どもの目の高さの棚の上に置くことにしています。初めは手の届くところに飼育ケースを置くとうれしさと関わりたい気持ちからケースを揺する姿もみられますが，日数が経つとそうした行動も次第になくなっていきます。ザリガニに「もも，もも！」と呼びかけたり，「もも，おはよう」などと話しかけたりしています。モンシロチョウの幼虫もよく観察し，エサのキャベツが小さくなっていると保育者に知らせたり，羽化する様子をみて逃がしてあげてと言わんばかりに「あっ，あっ」と窓を指さしてくれます。また，保育室の絵本の棚に，飼育動物に関連する絵本や簡単な図鑑を入れておくと，自らそれに気づき手にして知らせてくれました。カタツムリの赤ちゃんが生まれたときには，カタツムリが葉っぱを食べることを，絵本をみせて保育者に教えに来てくれました。

本にももがのってるよ

「ちー」はなんで飛ばないのかな？

　この年は，保育室でカブトムシの飼育も始め，「ちゃちゃ」と「ちー」と名づけました。ある日，カブトムシの絵本を子どもと読んでいたときのことです。絵本のなかにカブトムシが木の枝に登り樹液を飲んでいる場面がありました。絵本を読み終わったとき，R児があわてた様子でカブトムシの飼育ケースに近寄り，ケースのなかを凝視して「ないねー」と言って絵本と見比べているのです。そして，「木，ないねー」「葉っぱ，ないねー」と保育者に訴えてきました。絵本で見る野生に生きるカブトムシの暮らす環境と園で飼われているカブトムシの飼育ケースの環境が違うことに気づいたようです。保育者が絵本を元に「ちゃちゃとちーの飛んでいる姿をみたことないね」と話すと，子どもも「ないね」と不思議そうな表情をしています。そこで，子どもに「木や葉があるところはどこ？」と問いかけると「お外に

ある！」と答えてくれたので，カブトムシを菜園に放すことにしました。カブトムシは大きなクスノキに登っていきました。

　ザリガニに名前をつけたことで子どもに親しみの気持ちが生まれ，飼育ケースを揺すっていた子どもも徐々に「かわいそう」と大事にあつかう姿がみられるようになってきました。飼育動物に名前をつけるとそれを大事にしようという気持ちが深まるようです。カブトムシにも名前をつけたことで，子どもが親しみをもってみることができるようになっています。名前をつけた小動物と保育室で毎日触れあっているからこそ，1歳児でも絵本や図鑑のカブトムシと飼育ケースのカブトムシが同じであることに気づき，野生のカブトムシが暮らす本来の生息環境と飼育ケースの環境の違いにまで気づくことができました。カブトムシそのものだけでなく，暮らしている環境の違いに気づくことができたのは常に生活のなかでカブトムシと関わる体験を蓄積しているからこそであり，1歳児でも十分な観察力が育ち得ることを示しています。園のある堺市で野生のカブトムシを本来の生息環境で見ることは難しく，子どもに人気があるカブトムシを見るためにはケースで飼育するしか方法がありません。今回は継続的な飼育と絵本という教材が，カブトムシの本来の生息環境への子ども自らの気づきにつながっています。生物と環境との関係の気づきです。
　環境教育の観点からは，生物には適した生息環境があり，生息環境の質が重要であることの気づきは，将来，生物多様性の保護を理解していくための基本として重要です。生態学は幼児には理解できないとよくいわれるのですが，この事例にみるように理解の芽生えは1歳児で既にあることがわかります。そして，飼育動物への気持ちは0歳児から保育室で飼育経験を積んできた結果といえるでしょう。
　一方で，この事例には，環境教育の観点からみて課題もあります。チョウの幼虫のように一時的に飼育し野外に戻すことは動物飼育の1つのあり方です。卵を産みに来たチョウの幼虫を育て放すことが地域個体群に影響することはほとんどありません。しかし，飼育していたカブトムシは前年度に園で生まれた卵から育てたものであり，その入手先はわかりません。外来種ではないから問題ないという思い込みが保育者にはあったのですが，地域の生態系保全を考える上では課題があるといえそうです。日本のカブトムシであっても地域個体群によって遺伝子が異なる可能性はあり，メダカで問題となっているように地域個体群の遺伝子攪乱になる可能性があるからです。また，堺市では南部では生息しているようですが，園のある地域で放されても生息に適しているかどうかはわかりません。そして，カブトムシやクワガタは輸入種が大量に販売，飼育され，日本固有種の遺伝子攪乱も危惧されています。子どもが家庭で輸入種を飼育し，放したり捨てたりする場合もあると思われます。飼育動物を放す活動には注意が必要であり，もともと地域で生息しているものかどうかを確認することを子どもと一緒に考えていく必要があるでしょう。一方で，

本事例のように子どもの気づきから始まって本来の生息環境に近いところに飼育動物を戻すという流れのある活動ができたことは子どもにとってもよい経験です。登美丘西こども園で飼育してきたザリガニも生態系被害防止外来種リストにあるアメリカザリガニです。これもよく教育現場で飼育されており，増えたら野外に戻すような活動が行われたりしていますが，問題があります。外来種の飼育をする場合は，野生に戻してはいけないことを学ぶ機会としなければなりません。飼育動物を選んだり放したりするときには，地域の生態系保全まで考えなくてはならないのです。

4. 2歳児

　2歳児になると既に0歳児からの2年近くを園で過ごしている子どももいます。それまでの経験による育ちがようやく目にみえるようになり，自然に向かう力がついてきていると保育者が実感し始めるようです。例えば，園庭の端っこでアリの様子をじっと観察する子どもやセミを素手で取り大事そうに服にとまらせたりする子ども，カブトムシの産んだ卵を見つけて喜ぶ子どもというように，「自然が大好き，自然を大切にしたい」子どもが増えてきます。アリを手に乗せようとする友だちに他の子が「ギューってしたらあかんでー」と声をかけたり，アリを怖がっていたのに保育者と一緒に動きを見ているうちに「アリさん怖くない。好き！」と言うようになっていきます。キャベツに穴を見つけ青虫が食べていることを知ったときも，「青虫さん，お腹すいてたんやな」「このままおいておこう」と生き物の立場にたった発言をする子どももいます。

【キャベツの観察】

　5月，子どもたちが屋内でも戸外でも観察しやすいようにとキャベツの苗を持ち運びしやすい植木鉢に植えて，園庭に置いて育てることにしてみました。しばらくしてから，葉に青虫がついて穴だらけになっていたので，その植木鉢を保育室に運び，観察することにしました。以前とは違う姿に子どもたちが早速気づきました。「虫さん，葉っぱ食べてるなー」「お

虫さん葉っぱ食べてるー

いしいんかなー」と青虫が葉を食べる様子を楽しんだり，部屋に貼ってあるチョウの一生を表した手作りポスターと植木鉢を見比べて観察する子どももいます。この

　キャベツと青虫の観察は5月いっぱい続きました。そして，今度は種から育てることにし，9月の初めにプランターにキャベツの種をまきました。春から保育者と一緒にペットボトルに水を入れては花やプチトマトの苗に水やりをしてきた子どもたちです。保育者が何も言わなくても「お水あげようよ」と気づきます。
　ある日，葉っぱに穴が空いていることに気づいた子どもがモンシロチョウの幼虫を見つけました。「あー，この青虫さんが食べちゃった」と，大切に育ててきたキャベツが青虫に食べられてしまい，残念そうな様子です。「おなかがすいていたのかなぁ」と保育者が声をかけると，「そうやなぁ，葉っぱ食べないと死んでしまうから，このままおいとく」と子どもが答えました。その青虫は数日後には植木鉢の縁でさなぎになりました。残念ながら羽化するところを見ることはできませんでしたが，今度は「先生，卵あるよ！　小さいね」とキャベツの葉に卵を見つけました。子どもたちに「あの葉っぱ食べてた青虫がチョウになって卵を産んだのかな？」と問いかけると「そうそう！」「葉っぱいっぱい食べてチョウになった」と答えが返ってきました。保育者はモンシロチョウの一生について話し，青虫が出したフンにはキャベツの栄養も含まれていて，やがて土に戻っていくことなども説明しました。

　保育者はキャベツとモンシロチョウのつながりを経験してもらいたいと植木鉢に植えていつでも子どもが見ることができるようにしたり，ポスターを展示したりしました。また，春の経験をもう一度秋に経験できるよう，今度は種まきから一緒にして育て，キャベツとそれを食べる生き物との関係をみる経験を繰り返し深めようとしました。キャベツも種から育つことに気づいたり，種から小さな芽が出て育っていく成長の過程を実際に見ることができ，自分から「お水あげよう」と生活のなかで大切にキャベツを栽培することができるようになりました。また，自分たちが大切に育てたキャベツの葉に青虫がつき穴だらけにしてしまったときにも，そのときは青虫を駆除する行動を選ばず「このままおいとく」という判断になりました。農業は病害虫との戦いであり，生業としての農業を考えたとき虫の命について考えることはできません。人間は命を大切にといいながら，一方で他の命の犠牲の上に生存するという矛盾を抱えた存在です。そこに気づかずに命を大切にすることはできないのです。もちろん，2歳児クラスの子どもがそうした複雑な真実を理解することはできません。ここでは命のつながりや自然界の生物同士のつながりに焦点をあてて保育者が環境や援助を考えることにし，青虫が葉を食べて成長し，さなぎになり，チョウになり，卵を産むという自然の循環を経験することを大切にしました。身近な野菜であるキャベツを使って，2歳児ではその葉を自分たちの手でちぎって，色や形だけではなく，その感触，匂い，音を経験し，ちぎったキャベツは調理してもらって食べます。五感で野菜を体験する活動です。キャベツは私たちの食べ物だという経験と同時に，モンシロチョウの食べ物でもあるという経験ができる素材といえます。モンシロチョウのライフサイクルという循環，太陽と水とキャベツとモ

ンシロチョウと自分たちという生態系の中のつながりを経験できるのです。

【バッタは何食べる？】

　9月になるとセミの鳴き声も聞こえなくなり，ずいぶんと秋らしくなってきました。園庭ではバッタが多くみられるようになり，虫探しに興味のある子どもは小川の周りや草の近くに腰をかがめて虫探しをしています。初めはバッタが怖かった子どももだんだん保育者が捕まえたバッタに触ることができるようになってきました。9月末，R児，M児と保育者でバッタ探しをしました。3人で草の近くをよく観察していると，草のなかをピョンと1匹のバッタがジャンプ。保育者が捕まえて2人に見せると，R児が「もちたい！」と手を伸ばしたので渡すと，指でやさしくバッタの背中をつかみうれしそうな様子で，手に持ったまま小川の周りを離れて園庭を駆け回りました。R児の様子を見ていたM児も「Mちゃんもバッタほしい…」と言ったためM児と一緒にバッタ探しを再開しました。M児も保育者を真似て草のなかを手でかき分けてバッタがいないか探します。再びバッタ探しをしている保育者のもとへR児がやってきて「バッタ，バイバイした」と伝えたので，保育者が「バイバイしたの？」と聞き返すと，「ごはん食べにいってん！　パクパクって」と答えてくれました。保育者が「バッタさんは何食べるんやろうね？」とたずねてみるとR児は「うーん」と言ってわからない様子で，そのまま離れて行ってしまいました。その後もM児とバッタを探しましたが，その日は見つけることができませんでした。

　2日後，M児に再び「バッタ探そう！」と誘われて一緒に探すことになりました。今度は，数分もしないうちに，すぐにバッタを見つけることができました。M児に見つけたバッタを渡すと，バッタの腹を指で持ちうれしそうに友だちへ見せに行っていました。数分後M児が泣きながら戻ってきたので，理由を聞くと友だちに見せていたら逃げてしまったというので，もう一度バッタ探しをすることになりました。2人で探していると，バッタを探すことが上手な3歳児クラスの子どもが「どうしたん？」と聞いてきたためバッタが逃げてしまった話を伝えると「あげるよ！」とバッタを差し出してくれたので，M児はとても喜びバッタを受け取りました。保育室に戻る時間が来たとき，M児にバッタをどうするか聞いてみると，「バイバイする」と小川の近くの草むらに逃がしていました。

　11月も末になると，青々としていた草も茶色くなり園庭で見かけるバッタの数も減ってきました。そんななかでも虫探しが好きな子どもたちは「バッタ探そう！」と保育者を誘いバッタ探しに励んでいます。9月末にバッタが何を食べるのかと悩んでいたR児に同じ質問をしてみると，「葉っぱ食べるねん」と得意げに教えてくれるようになっていました。S児もバッタ探しが好きでバッタを見つけては，口元にわらや落ち葉や葉っぱなどを持っていきます。バッタのお腹側を自分と対面するように持ち落ち葉をつかませようとしましたが，バッタは落ち葉を持とうとしません。次に藁をバッタに与えてみるとバッタは藁をつかんだので，「見て！　食べてる！」と興奮して保育者に教えてくれました。実際には食べてはいないのですが，S児の気持ちに寄り添い「ほんとだね，食べてるみたいだね」と一緒に観察する

ことにしました。何度も試すなかでS児なりにバッタはどれが好きか考えているようで，バッタを見つけると決まってヨモギの枯れた葉を取り，与えていました。保育者が「なんで葉っぱをあげているの？」と尋ねると「だってバッタさんお腹すくから」と答えながら葉っぱをつかませています。なぜ枯れたヨモギがよいのかと聞くと，「だってな，バッタがこれが好きって言ってたから」と教えてくれました。ヨモギの葉をつかんでいた時にも，「食べている！」と教えてくれました。

　12月になり園庭の草も枯れて風が冷たくなり冬らしくなってきました。バッタの姿がみられなくなり，バッタがいないとわかっているのか，子どもたちが「バッタ探そう！」ということはありません。その頃，小川の近くで遊んでいたS児に保育者は「バッタいるかな？」と尋ねてみました。すると「いてないで。だってお家にご飯食べに行ってるから」と説明してくれました。

バッタ見っけ！

ぼくの見つけたバッタ

　セミが「怖い」と逃げていた2歳児でも，経験を積むことで次第に捕まえることができるようになります。恐る恐る見ているだけだったバッタも，初めのうちは強く握ってしまい弱らせてしまうこともありましたが，何度も触れることでどのくらい力を入れたらよいのかに気づき，捕まえて満足したら元の場所に戻すことがごく自然にできます。年齢の上のクラスの子どもの言動から，そうした価値観が伝わっているのです。園では出会った生き物を捕まえてもいいけれども，元にいたところに戻すという文化ができあがっています。元にいたところに戻すというのは，自分の手の中にある捕まえた生物の命を取らないということを超えて，その生物の命を守るためには適した生息環境が必要であるということを学ぶ経験になっています。この事例では経験を繰り返すなかで，バッタという動くものへの興味を超えて，バッタの食べ物への興味も具体化しています。バッタも人間と同じで食べ物が必要だと考えたり，どの葉っぱが好きかを試すことでバッタはどの食べ物が好きかを考えています。こうした経験を繰り返すことで自然界には食物連鎖があり，植物と動物が共存していること，生態系として保全しないと命を大切にできないことの理解につながっていきます。また，冬になり寒くなればバッタの姿が見えないことにも気づいています。実際には種類によって卵で冬越ししたり，成虫で冬を乗り切ったりと多

様なのですが，生物の生態が季節により異なることを体験を通して知っていきます。

【野菜を育てる土】

　4月，分園の園庭でプランターにホウレンソウとコマツナの種をまきました。昨年度の2歳児が観察していたコンポスターに堆肥ができていたので持ってくると，進級児のF児は「あっ，コンポスターや」と気づいてくれました。分園のコンポスターは，園のおやつで出されるミカンやリンゴの皮を入れ，発酵させて堆肥を作るバケツサイズの容器のことです。中身を知っている進級児のなかにはその匂いに顔をゆがめる子どももいますが，子どもたちに土と堆肥を混ぜるところからみせると，F児が「くさいなあ。先生，何で混ぜ混ぜするの？」と聞いてきました。保育者は「くさいけど堆肥にはたっぷり栄養があるから，土と混ぜたらきっとおいしい野菜が育つよ」と伝え，土と堆肥を混ぜるところを子どもたちにみせました。F児が保育者の言葉を受けて「おいしくなあれ」と呪文のように言うと，他の子どもたちも同じように「おいしくなあれ」と言い始めました。

　5月にはメロンの苗を植えました。今回は保育者だけで行うのではなく，子どもたちと一緒に土と堆肥を混ぜることにし，順番に混ぜていると，A児が「先生，ダンゴムシいるよ」と土を指さしながら教えてくれます。F児が「ミミズもいるよ」と言うと，子どもたちは土の中のダンゴムシやミミズを探し始めました。子どもたちから「いっぱい虫おるなぁ」という声が聞こえたので，保育者は土の横に置いてある堆肥を指さしながら「こっちには，栄養がたっぷりあって，小さな虫（微生物）がたくさんいるんだよ。堆肥と土を混ぜるとミミズが土の中の小さな虫を食べて，ウンチを出してフカフカなよい土ができるんだよ」というと，F児が「よい土ってどんな土？」と聞いてきました。保育者が「そうだね。野菜がおいしく大きく育つおいしい土かな」と言うと，F児が「おいしい土か」とつぶやき，子どもたちはミミズやダンゴムシに「おいしい土をありがとう」と言っていました。メロンは9月には立派な網目まででき，2歳児1人では持てないほどの大きさまで成長しました。収穫すると，メロンの重さを感じながら，F児が「おいしい土やから，こんなに大きくなったんやね」と言ってくれました。

　10月には冬野菜のダイコンとハクサイの苗を植えることにしました。今回も子どもたちの手で植えるようにすると，F児が自分から「先生，土にコンポスターの土（堆肥）を混ぜるの？」と質問してくれました。「そうよ。コンポスターの土，混ぜるよ」と保育者が答えて，混ぜようとすると，新入園児のM児が「Fくん，コ

土に堆肥を加えます

ンポスターの土にはカブトムシのウンチも入ってるから，土と混ぜるとメロンのときよりもっとおいしい土になるな」と声をかけ，F児は「ほんまやな。ハクサイも

ダイコンも大きくておいしくできるよなぁ」と応えていました。カブトムシのウンチとは，子どもたちとお世話し飼育しているカブトムシの土を替えるときに出るもので，コンポスターに入れ，土に還していることを記憶していたようでした。次の日から園庭へ出ると，自分たちで植えた冬野菜の成長を観察したり水をあげたりしています。

　11月，ハクサイの葉が巻きだした頃，友だちと一緒に観察をしていたF児が「先生，葉っぱに穴が開いてる」と教えてくれました。保育者が「何で穴開いたのかな？」と問いかけると，一緒にいたM児が「虫さん食べたのかな？」と言い，ハクサイの葉の表や裏を観察し始めました。すると，F児が「バッタおる」と指さします。「F君よく見つけたね。これはショウリョウバッタっていう虫よ」と保育者が言うと，F児は「バッタさんはハクサイを食べて大きくなっているのかな」と疑問を投げかけてきました。「そうやで。だっておいしい土で作ったから絶対おいしいって」と会話をしながら，子どもたちは他の野菜も観察し始めます。実は，保育者はショウリョウバッタがとまっていることに早くから気づいていたのですが，子どもには黙っておいて様子をみることにしていたのです。自分で気づいた子どもたちは，この日から園庭に出るとバッタ探しをするようになりました。バッタを見ようとハクサイのプランターに集まり「このバッタは，いつ見ても同じハクサイの上にいるね」「なんでいつもいるのかな？」「ここ，バッタさんのおうちなんかな？」と子どもたちの会話が広がっていきます。園庭に出る度にバッタに「おはよう！」と言葉をかけていましたが，季節とともにバッタの姿がみられなくなると「どこにいったのかな？」「違うおいしいハクサイのところに行ったんかな？」と寂しそうに探していました。

　夏の終わり頃から，子どもたちの朝のおやつに出てくるミカンの皮やバナナの皮，カブトムシの糞などをコンポスターに入れて毎朝観察し，日が経つにつれ，発酵が進み，入れたものの形や匂いが徐々に変化し，堆肥に変わっていく様子をみてきました。1歳からの進級児は，昨年の秋頃からコンポスターで堆肥ができる過程を観察していた経験があったため，中に入っているものがどのような匂いであるのかを既に知っています。1歳児の頃の堆肥作りの経験が記憶として残り，顔の表情に出たようでした。コンポスターになじみのない新入園児は4月段階では中身を興味深げにのぞきこむように見入っていました。

　春の種まきや苗植えのときは，土に堆肥を入れる様子を不思議そうに見ていた新入園児たちでしたが，実際に土を触る過程でミミズやダンゴムシが土から出てくることを経験し，また保育者と進級児が土の中にいるミミズやダンゴムシがよい土に変化させることを話しているのを何度も聞いていました。土とコンポスターにできた堆肥を混ぜることで植えた種や苗が大きな野菜やメロンに育つ体験をしたことから，秋に冬野菜の種や苗を植える頃には，普通の土より堆肥が混ざっているよい土の方がおいしいハクサイができるという発言が新入園児からも出て，大きく育った

ハクサイを食べたときには「おいしい」という言葉も聞かれました。栽培とコンポスターに関わる経験が繰り返されたために，新入園児もコンポスターでできた堆肥は栄養に富むことを知るようになったのです。2歳児でも土の中の生態系の理解を素朴ながらも少しずつ進めていることがわかります。

　ミミズやダンゴムシは子どもが園庭で遊んでいてもよく出会う小動物です。しかし，その役割について学ぶ機会を意図的に作らなければ，生態系の学びにはつながりません。それは保育者が絵本などで一方的に教えるというような方法ではなく，この事例のように栽培や堆肥作りという活動のなかで出会えたからこそ，その役割について自ら考えることができ，体験を通した知識として定着するのです。環境教育において，生態系の理解，特に分解者の存在を知ることはとても重要です。また，「自分たちが毎日世話をし，成長したハクサイにショウリョウバッタがいる」と「ハクサイに穴が開いている」という観察した2つの事象を結びつけることで，ショウリョウバッタがハクサイの葉を食べていることを2歳児が推察しています。これは「食べる・食べられる」という関係の素朴な理解であり，また，バッタの住みかや食べ物を知ることから親しみをもつことにもつながっています。

　野菜を育てるために土の環境を整え，野菜ができると人間や虫が食べ，人間の食べた残り物はコンポスターで堆肥となり，そこではミミズやダンゴムシなどの小動物がそれらを食べることで分解を進めています。そして，野菜作りにその堆肥を使っています。この流れを命がつながっていく循環と呼ぶこともできます。こうした循環は自然界の様々なところに存在しますが，栽培を通した循環はこの事例のように具体的かつ身近で経験しやすいものです。2歳児に深い理解は難しいのですが，一つひとつの小さな経験が積み重なり，子どもたちの体験を通した知識となって，次の学年以降の学びにつながっていくと考えられます。この事例では保育者は子どもが自ら考えたり，発見したりすることを待ちながらも，積極的に土や生態系のなかの分解者の価値やコンポスターの意味を伝えています。

5. 3歳児

　3歳児クラスも春の間は，飼育している小動物に興味をもっても見ているだけでしたが，毎日世話をするなかで「グッピーの赤ちゃん生まれた」「水が汚くなってきた」など子どもたちが自ら気づくことが多くなってきます。また，遊んでいるなかで命あるものに対してのやさしさや思いやりの気持ちを言葉に出すこともできるようになっています。例えば，散歩先の公園で，1人の子どもがタンポポをちぎり池に投げ捨てると，周りの子どもが「かわいそうだ」と非難をしていたことがありました。タンポポを摘んで名札につけている子どももいるのですが，その子に対し

ては非難の声がありません。どうやら，タンポポという生物を大切に何かに使うのはよいが，取って捨てるのはかわいそうと子どものなかで判断しているようです。また，童謡の「びわ」を歌っていても本物のビワを知らない子どもが多いことに気づいた保育者が，ビワのある公園に散歩に行き実際に触ることにしたときのことです。木の下に落ちた実を拾って帰ることにし，潰れていない実を探していると，子どもが手にした実のなかからアリが続々と出てきました。それを見て「お乳みたいに甘いからアリも食べたいねん」と歌詞と自分が体験していることをつなげています。そして，「このビワは，アリのために置いとくねん」とそっと置く姿もみられました。自然のなかの小さな不思議を見つけることがうまくなり，自分から図鑑を見たり，動物だけではなく植物や季節の移り変わりなどにも興味が広がっています。また，それまであまり自然に興味がないように保育者にはみえていた子どもたちだけを連れて菜園に行くと，今まで他の子どもが発信するので話し出さなかったような子どもたちが，実は周りの話を聞いて理解していて自ら自然に関わろうとしていることも確認できました。2歳児クラスのときに見た絵本の内容やつながりについての話などがしっかりと記憶に残っていて，保育者が驚かされることも多いです。

【カタツムリ】

　4月から保育室で大きなカタツムリを1匹，小さなカタツムリを数匹飼育していました。近くの公園で捕まえたカタツムリです。霧吹きで水をかけたりエサを与えたり，どの子どもも熱心に世話を手伝い，ケースのカタツムリに手を近づけると目や頭，身体を縮める様子をよく観察しています。カタツムリの載っている本を見つけて「先生！ここに載っているのと一緒やなぁ！」とか，載っているエサと飼育ケースに入れた食べ物を比べ「エサも同じやで」などと照らしあわせています。菜園でポケット図鑑を利用して植物や虫の名前を調べたり，同じものがみつからないか探したり，カタツムリを見つけると，「カタツムリ，葉っぱの上にいてた」と落ち葉の上やブロック塀にいるのをじっと観察しています。

　5月になると，カタツムリについての興味・関心がますます膨らみ，絵本や図鑑と照らしあわせて読む子どもが増えてきました。いろいろな種類のカタツムリが載っている図鑑を見ながら目の前にいるカタツムリと照らしあわせて「同じ種類」「違う種類」と実際に自分の目で確認しています。ニンジンを食べたら，オレンジ色のうんちが出るという図鑑の写真に興味をもつ子どもがでてきたので，実際に飼育ケースの中にニンジンの皮を入れて観察することになりました。すると，翌日にオレンジ色のうんちを発見し，子どもたちは大喜びです。小さな飼育ケースにすべてのカタツムリを一緒に飼っていたのですが，霧吹きをする度に大きいカタツムリが身体を伸ばしケースの端から端まで動き，狭すぎるのではないかと子どもたちが言い出しました。みんなで相談した結果，大きなカタツムリだけを別の大きな飼育ケースに移動することに決まりました。そこで，保育者は図鑑とカタツムリのため

の空の飼育ケースを持って子どもたちと菜園に行くことにしました。「カタツムリってどんなお家がいいのかなぁ？」と投げかけると，子どもたちは図鑑を見ながら「こんな葉っぱがいるのとちがう？」「ここに描いてるみたいにしたらいいんちゃう？」など，カタツムリに快適な環境を作るための提案をあげてくれます。砂や石ころ，枯れた葉っぱ，棒などを菜園の中から探して図鑑と照らしあわせながら入れる作業に約1時間を費やして，ようやく子どもが自ら考え集めた物でカタツムリの家が完成しました。保育室に持ち帰り，霧吹きをして砂を湿らせてから，大きなカタツムリを新しい飼育ケー

どんな家がいいかな

スの中に移しました。けれども，なかなか殻から出てきてくれません。「引っ越しして緊張してるんちゃう？」「大丈夫やで～」とカタツムリにやさしく話しかけています。あまりに出てこないので，「ニンジンもいるんちがう？」と子どもが提案し，ニンジンの皮を入れてみました。すると少ししてから，カタツムリは動き出し，棒に登り始め，「よかったな，動いて」と一安心です。数日経つと，子どもたちが入れた落ち葉を食べたのか，茶色いうんちがでていました。「落ち葉食べたんや」と子どもたちはほっとしていました。

　0歳児から保育室内で昆虫などの小動物を飼育しているので，3歳児にもなると小動物や植物の世話を手伝うことは子どもたちにとっては日々の保育の生活のなかで当たり前のことになっています。保育者がカタツムリの絵本を読むと喜んで見たり聞いたりし，だんだんと自分たちからカタツムリ絵本を取り出し，読むようになってきました。世話を継続することで愛着がわき，そばに準備されているカタツムリの絵本や図鑑を見て，カタツムリの種類や生態，生息環境への興味・関心が広がっていきます。菜園でもカタツムリを見つけることができたので，さらに興味が深まりました。日頃の保育室での観察・菜園での野生の状態での観察・絵本や図鑑からの知識・その情報をもってエサを変える素朴な実験・自らの知識を元に飼育環境を考えるというように，カタツムリという飼育動物を軸に学びの循環ができています。この過程では子どものワクワク感も保育者には伝わってきました。こうした身近な体験を繰り返すことで，3歳児なりに生物と環境のつながりに，より高度に気づくことができることがわかります。また，飼育はその生物の命に責任をもつということですが，その生物に適した生活環境を準備しなくてはなりません。それを考えることは，生物には個々に適した生息環境があることに気づく過程ともなるのです。

【雨の日の園庭】

　雨が降ると子どもたちにも保育者にも「あ～あ，今日は雨だから外遊びできないな」という暗黙の了解が広がります。雨の日は室内で過ごさなければならないと考えることが通常でしょう。

　7月のこと。子どもたちから「雨の日の園庭はどうなっているのかな？」「草木は雨の日はどのようになっているかな？」という話が出てきたので，「じゃ，雨の日に外に見にいってみようか」と問いかけると，子どもたちは大喜びしました。雨が降る日を待ち望んで，天気予報を保育者に確認したり，空を見上げて「雨降るかな～」と話したりするようになってきました。保育者が「いつ雨が降ってもいいように，お家にカッパがある人は持って来といてね」と声をかけておいたので，雨が降るのを心待ちにしている子どもたちは「先生，明日は雨降るかな？　カッパは，ロッカーに入ってるから！」と準備万端であることを伝えてくれます。

　そして，ようやく待ち望んだ雨の日が来ました。子どもたちは待ってましたとばかりに「やったー！」と大喜びです。カッパを着て長靴を履いて傘をさして準備をすませ，雨の園庭に出てみました。長靴を履いている子は，水たまりに入って深さを確かめています。自分たちが育てているミニトマトの様子を見にいき，「先生，トマト，ピチャピチャになってるわ」「雨のお水飲んで，おいしいって言ってるんかな？」「そうやで，のど乾いてたからおいしいって言うてるで」と子どもたちの会話が弾みます。いろいろな草木を見にいき「わー，ここも濡れてる，水たまりできてる！」といつもと違った園庭の様子に大興奮です。一通り，園庭の様子を見て遊んだあと，保育室に戻り，一緒に振り返ってみました。「何でみんなが植えてたトマトや葉っぱが，のど乾いたってわかったん？」とたずねてみると，「だってずーっといい天気やって雨降らなかったから，のどがカラカラやと思ってん」という答えが出たので，保育者が「そっか～みんなも暑くてのどが乾いたらお茶や水飲むもんね」と応え，「じゃ，今トマトや園庭の葉っぱ達はどんな気持ちなんやろ？」とたずねると，「うれしい！　お腹いっぱい，ぐんぐん大きくなろうと思った」と答えが返ってきました。「じゃ，雨ばっかり降ったらどうなんやろ？」と質問すると「嫌になる，お日様もいる！」「びちょびちょであかんかも」と言いました。その後，部屋にある「あめふりくまのこ」の絵本を読み，お山に雨が降る様子や，雨が降って小川ができ水がちょろちょろ流れ出すという絵本の風景を見ながら，園庭の雨の様子と重ねていました。雨が降らないと草木が育たない，自分たちにとっても生活する上で水は大切だということに少し気づいたのか，水道の蛇口をギュッと閉めたり花の水やりは雨水タンクから使うなど水を大切にする姿が増えてきました。

雨の日，待ってました

　このクラスの子どもたちは太陽や雨にも興味があるため，園庭で影遊びをしたり，靴箱の上に飾っているサンキャッチャーに太陽の光があたってキラキラする様子を見たり，カラーセロファンに光があたって，赤や青の色が廊下や部屋の窓にあたることを楽しんでいました。また，雨上がりには，水たまりをジャンプしたり水を使ってままごとをしたりと天候による環境の変化を楽しむ姿もみられます。太陽と雨とのつながりは，自分たちで野菜を育てたり観察したりするなかでわかってきたことでもありました。0歳児から環境教育を受けてきた子どもたちは，自分たちで野菜や花を育てる経験を積んできており，それらと関わるなかで天気の移り変わりや植物と水との関係にも興味関心をもつようになっています。毎日水やりをするときに，野菜が大きくなるのを目の当たりにし，野菜には水が必要であることや水をやりすぎるとあまりよくないということも経験を通して徐々にわかっていました。また，自分たちの体の仕組みと同じようにあてはめて考え，暑いとのどが渇く，のどが渇くと水やお茶を飲んで渇きを癒す，それを自分たちはうれしいと感じるから植物もうれしい気持ちになるというように，3歳児なりの素朴な理論をあてはめて推論し，共感していることがわかります。また，雨や太陽が野菜を成長させることや雨が続くと野菜がなえて傷むことも理解しており，太陽と雨の両方が植物にも人間にも大切であると経験を通して知っているのです。雨の水をペットボトルにためて水やりに使うことも体験してきているので，節水にも興味をもち始めています。天気や太陽などの自然の事象を自分の生活と結びつけて考えることは幼児には難しいと思われがちです。しかし，遊びのなかで天気と自分たちの暮らしをつなぐことを継続すると，3歳児でも水や太陽の光の大切さを知ることができ，雨の水をためて節水するなど環境に配慮した行動も自然にできるようになってきます。環境教育では大気や水の循環を知ることも重要なのですが，実感しにくいものです。それでも，天気や風，水などは身近に経験できます。それらを個別の事象としてとらえるのではなく，この事例のように雨と野菜というように結びつけるような経験を繰り返すことで，自然界のつながりを理解するきっかけになっていくのではないでしょうか。

【きれいな落ち葉見つけたよ】

　9月中旬，園庭で遊んでいると，0歳児から本園に在籍しているH児が黄色に色づいたソメイヨシノの落ち葉を数枚拾って「きれいでしょ」と言わんばかりに自慢気に見せに来ました。この時期はまだ緑の葉っぱが多く，黄色く色づいた葉っぱは珍しかったので，保育者が「きれいな葉っぱ見つけたね！　どこで見つけたの？これと同じ葉っぱどこにあるのかな？」と聞くと，「先生の分も見つけてくる！」とその葉っぱを見つけたあたりを探しにいきました。しばらくして「あったで！」と言って持ってきたのですが，「線（葉脈）は一緒やけど，形がちょっと違うなぁ…」とどこかしっくりいかない様子で，また別の場所へ探しにいきました。今度は見つ

きれいな落ち葉！

けた葉っぱと手に持っている葉っぱを見比べ，「これ一緒や！」と納得した様子で見せに来てくれました。そして，「先生も一緒に探そう！」と声をかけられたので，保育者はH児と一緒に葉っぱを探しながら木がある方へ進んでいきました。行った先には同じ葉っぱがたくさん落ちている場所があり，その近くにあった木を見上げると，緑色の葉っぱに混じって，H児が拾ってきたものと同じ黄色に色づいた葉っぱが数枚，今にも落ちそうにぶら下がっていました。H児は「この木の葉っぱやったんや」と木の存在を知っていたかのようにつぶやき，再びその木の下に落ちている葉っぱを拾い始めました。保育者が木の枝についている緑の葉っぱを指さして「この緑の葉っぱもだんだん黄色くなるのかなぁ？」と言うと，「そうやで！　この葉っぱぜーんぶ黄色くなって，ポロッて落ちて木だけになるねん。ほんで，ここ（枝の先を指さして）から花が咲くねん」と教えてくれました。保育者が「どうして葉っぱ全部落ちてしまうのかなぁ？」と聞くと，「それは，わかれへん」とのことです。H児は，木についている葉っぱは取ろうとせず，木の下に落ちている葉っぱだけを拾っていました。その後，拾った落ち葉をマットのところに持っていき「いち，に，さん，し…」と数を数えながら一列に並べ始めました。H児はきれいに並んでいる落ち葉を満足そうに眺めたあと，その拾った葉っぱを花束のようにして「この葉っぱプレゼントするねん！」と小さいクラスの子どもや保育者に渡していました。

　それから1週間ぐらい経った日，H児が遊具の上からソメイヨシノの木を眺めていたので，「何をしてるの？」とたずねると，「葉っぱ，まだ全部ポロッて落ちてないなぁ～と思って見ててん」と教えてくれました。遊具で遊びながらも，木にぶら下がっていた葉っぱはあれからどうなったのかを気にかけているようでした。

　子どもたちが落ち葉に興味をもち始めた9月末，お帰りの会の前に『おちば』という絵本を読みました。その本には，葉の色が変わっていく様子が写真で表されていたり，紅葉のことが書かれたりしていて，子どもたちも集中して絵本を見ていました。その日の夕方，園庭に出ると今年度から本園に入園してきたT児とN児が絵本の内容を覚えていたのか「先生，見て！　さっきの絵本と同じ！」ときれいに色づいた葉っぱを見せに来てくれました。「ほんとだね。この葉っぱどこにあったの？」とたずねると，「こっち！」と言いながら大型遊具の滑り台のソメイヨシノの木の下まで手を引いて連れていってくれました。そこにはたくさんのきれいに色づいた葉っぱが落ちていました。「ほら見て！　これめっちゃきれい」「こっちも！」と話しながらきれいな葉っぱ探しが始まりました。「きれいやね。この葉っぱどこから来たんかな？」とたずねるとT児が「上！」と木の上の葉を指さしました。「あ，上から落ちてきたんやね」と話をしていると，N児も「上にも黄色い葉っぱがある」と気がつきました。見上げると色が変わった葉がぶら下がっています。「ほんとや，

下に落ちてるのと一緒やね」と話すと，T児が「あれももうすぐしたら落ちるねん」というので，「そうなんや。じゃあ，この葉っぱ全部落ちるんかな？」と聞いてみましたが，「うーん…」とわからない様子で走っていってしまいました。

　H児は0歳児から園に在籍しているため，4回目の園での秋です。ソメイヨシノが秋には紅葉し，冬には落葉し，春には花が咲くことをH児が覚えており，実際にその木を見ながら説明できたことから，この木の1年の移り変わりが記憶に残っていて，理解できていることがわかります。領域環境の内容には「季節により自然や人間の生活に変化のあることに気づく」という項目があります。これは以前経験した姿と異なる様子に気づくというような単純な変化への気づきとしてとらえられることが多いのですが，H児の事例は，植物が季節の循環のなかで姿を変えていくことにしっかりと気づいていることを示しており，「変化に気づく」ことを超えて，「変化することを知っている」といえます。0歳児の頃から，毎年のように保育者が「サクラの花が咲いてるよ」「触ってごらん」「いい匂いがするかな？」「葉っぱがいっぱい出てきたね」「葉っぱが飛ばされているね」「つぼみが出てきたね」など，一緒にこの木の前に立ち，変化を見ながら話しかけてきたことで様々な気づきをうながしてきました。乳児期から自然の変化や季節の移り変わりを五感で感じられるよう保育者が繰り返しうながしてきた結果として，経験に基づいた知識として定着したと考えられます。一方，3歳児クラスから入園したT児とN児にとっては本園での初めての秋でした。絵本で知った紅葉を，園庭で自分たちが経験して知っている紅葉と結びつける力は育っていますが，同じソメイヨシノを見てもH児のような知識をまだもっていないことがわかります。

　子どもの何気ない言葉に気づき，そこに何を読み取ることができるのかを考えるのは保育者です。子どもの毎日の活動をただ見守るだけでは，何気ない言葉に気をとめたり，その意味を考えることはできません。H児の育ちは4年の歳月がつながってできているのであり，保育者は子どもの日常の言動を時間という観点からも読み直す必要性があるといえるでしょう。要領などでは季節の変化に気づくことは重要とされていますが，環境教育としてはそれでは不十分で，循環に気づくことが重要です。季節の変化を単に感性的にとらえるのではなく，変化に応じて動植物がどのように生活しているのかに気づき，自然を守っていくためには生物のそうした時間のかかる循環を守る必要があることを基礎知識としてもたねばなりません。なぜなら，循環が途切れたとき，生物は存在できなくなるからです。この事例では，3歳児が年間を通した循環に気づいています。乳児期から様々な動植物に触れ季節の移り変わりを感じることでその後の気づきが深まっていると考えられ，在籍を続けたら，H児はあと2回の循環を園で経験することになります。様々な場面での環境教

育の学びとあわせて深めていけば，小学校以降で学ぶ環境教育のより強固な基盤と
なってくれるのではないでしょうか。

6. 4歳児

　　4歳児になると仲間とのつながりが強くなり，自分中心の動きから，他者の立場
に立てるようになり，自分の気持ちも抑えられるようになります。これは生物との
関わりのなかでも同様です。自然のなかで見つけた生き物を「ここにしか食べるも
のはないから」と言って放したり，根っこから抜けている草を見つけて「かわいそ
うやな。また土に植えたら水吸って元気になるかな？」と植え直したり，死んでい
る虫を見つけて何人かで相談して埋めてやり，上から葉っぱをかけてあげるという
ような行動ができるようになってきました。子どもたちの内面のやさしさがみえる
場面が増えてくると，友だちに対しても譲ったりやさしく接したりできるようにな
ります。

【ダンゴムシから食物連鎖へ】

　　4歳児クラスの子どもたちは，虫探しをしたり葉っぱを拾ったりすることが大好
きです。今までの園での経験が活きているのか，どんぐりは持ち帰らずに園の箱に
入れ，見つけた生き物の名前を友だちと一緒に本で調べたりするようになっていま
す。4月から5月にかけては，パンジーの葉にいるツマグロヒョウモンの幼虫を飼
育し，その生育に興味・関心をもって観察をしてきました。
　　6月のある日，園庭で「先生，大変！　ダンゴムシの中にアリがおる！」とY児
がダンゴムシを手の平に大事そうに乗せて見せにきました。その声を聞いて周りの
子どもたちも駆け寄ってきました。

　他児：「ダンゴムシ死んでるやん。アリはどこ行ったん？」
Y児はアリを探しましたが，手の上の死骸にアリはもうみえませんでした。
　T児：「このダンゴムシ，足しかないで。お腹ないで」
　保育者：「本当だね，どうしたんだろう？」
　H児：「食べられたんちがう？」
　保育者：「誰に食べられたんやろね？」
　H児：「わからん」
　保育者：「さっきいたアリはダンゴムシのなかで何をしてたんやろ？」
　Y児：「わかった。アリがダンゴムシのお腹食べたんやで」
　保育者：「そうか，でもアリは何でダンゴムシを食べるんかな？」
　Y児：「ん〜？」
　他児：「おいしかったんちがう？」

保育者：「そうだね。おいしかったのかな。みんなも何か食べないとお腹すいて
　　　　死んでしまうね。アリもダンゴムシとか他の虫を食べないと死んでしま
　　　　うんだよ。じゃあ，ダンゴムシは何を食べてるのかな？」
他児：「わからん」「アリを食べるんちがう？」
保育者：「また，一緒に調べようね」

　話しあいはそこで終わりました
が，その2日後にダンゴムシの絵
本を読んだときには，「この前，
ダンゴムシが死んでいて，アリに食
べられていたな」「ダンゴムシは
葉っぱとかアリとか食べるねんな」
と園庭での経験を話していました。
印象に残っていたようです。
　それから2か月後，食物連鎖の
絵本を読んだあとに虫など動物の
絵を描く活動をすることにしまし

このダンゴムシ，足しかないで

た。図鑑を見ながらいろいろな動物や虫の絵を描くと，「カブトムシの幼虫には点々
がある」などと細かいところに気づき，見逃さずに描く子どももいます。保育者は
生態ピラミッドの表を準備し，子どもは経験したことや本で見たことを思い出した
り考えたりしながら，みんなでどこに入るか考えながら描き終えた絵を貼っていく
ことにしました。「アリは土の上におるで」「お砂糖とかお菓子とか食べてるで」と
いう声が出たので，保育者が「この描いたなかでやったら何を食べるんかな？」と
聞いてみました。すると，「ダンゴムシ食べるで，本に載ってた」「ダンゴムシも死
んだアリ食べるで」「だって，食べないとお腹空くから」というような発言があり
ました。わかりにくい生物もありましたが，動物の絵をピラミッドの表に貼ってい
くと「生きている物はみんな何かを食べているし，食べられることもある」という
のが眼で見てすぐにわかるようになりました。そのピラミッドは何か発見があれば，
絵を描いて加えていきたいと考えて，そのまま子どもたちのみえるところに貼って
おくことにしました。すると，その後も好きな遊びができる時間に友だちと一緒に
見つけた虫や植物の絵を描いて貼ったり，友だちと話しあって貼る場所を考えたり，
遊びのなかでも身近に使うようになってきました。このクラスには植物に太陽の光
や二酸化炭素がいることを知識として知っている子どももいて，植物が二酸化炭素
を吸って酸素を出す話を真剣に聞くことができ，「木は大事やから切ったらあかん」
「もったいないことしたらあかん」という言葉も自然にでるようになっています。

　4歳児でもツマグロヒョウモンの飼育経験から，どんな生物も生きるためには食
べないといけないことや飼育動物の食べ物は何であるかを知っています。しかし，
飼育経験がない動物の食べ物については知識がありません。そこで，保育者は絵本
を使って関心を高め，生態ピラミッドを作ってみました。ただ単に大きい生物が小

さい生物を食べるだけではなく，小さい生物も大きい生物の死骸を食べることや，生物に複雑なつながりがあることへの気づきにつながっています。素朴ながらも食物網という概念にまで広げていくことができます。この事例の子どものもつ知識を振り返ってみると，保育者の話や絵本などから情報を得ているのですが，教えられた情報として覚えているだけではありません。菜園やその他の場所で身近な動植物に自ら関わって体験し，面白いと感じ，もっと知りたいと思い，自分で調べようとする態度が先にあります。アリに食べられるダンゴムシを実際に観察して，経験しているから，絵本から得た知識をあてはめることができるのです。食べる・食べられるという関係や生産者・消費者・分解者からなる食物網について，部分的な体験はできますが，それを循環という理解にまでもっていくのは容易ではありません。しかし，何度も繰り返し食物網の一部分に気づいていくことで，その循環のなかに生き物が生きていることがいつかわかるようになるのでしょう。

【カメが怪我をしているよ】

　前年度の 4 歳児クラスが飼っていたミシシッピアカミミガメを，新しい 4 歳児クラスで継続して飼育することになりました。この年の 4 歳児は，特に生き物や自然が大好きで，菜園や園庭遊びのときには，虫がいないか探したり，木の葉っぱの様子を観察し，いろいろなことを発見し，表現することがよくできる活発なクラスです。4 月に冬眠から目覚めたカメに「クロくん」「カメくん」と名前をつけ，保育室で毎日観察しています。飼育ケースは子どもたちが観察しやすい場所に置いてあり，水が濁ってきたら「汚くなってきたね」と気づいた子どもたちと一緒にカメの水槽を洗います。そのうち，「先生，クロくんとカメくん，お腹空いたかな？」といいながらエサをやる子どももみられるようになってきました。ある日いつものようにカメを観察していた子どもたちが水槽のなかに何かが浮いているのを発見しました。「先生，なんかゴミみたいなのがある」「こっちも！」「これ，大きいわー」というので，水槽から取り出し，ティッシュの上に並べておいてみました。すると子どもが「何か模様ついてる！」と気づき，触って「なんか硬い！」というと，別の子どももそーっと手で触り「本当だ，硬い！」と確認しています。もう一度みんなで水槽のなかを見てみると，カメの甲羅の一部が浮き上がっていて，子どもたちが見つけたものと同じです。保育者が「ねぇ，クロ君の甲羅，ちょっと剥がれそうやね」というと，子どもたちは「えー，可哀想」「背中，痛くないんかな」「怪我したんとちがうか？」ととても心配そうに水槽をのぞきこんでいました。「痛いかどうだかわからないから，先生調べてみるね」と話し，図鑑やインターネットで調べてみました。するとカメは脱皮をすると書かれてあり，成長する際の一段階であることがわかり，早速子どもたちに「クロ君は脱皮っていって，甲羅が剥がれているんだよ。それはクロ君が大きくなっていっているんだよ」と伝えました。子どもたちはホッとした表情になり，「それなら痛くないね」とじっとカメを観察していました。

植物や動物へのやさしさが自然に身についてきた上に，心の成長が著しい時期でもあって，友だちに対しても気遣いながら遊べるようになってきています。自分たちの部屋でカメを飼育することがうれしくて，このクラスの4歳児はよく水槽を眺めて世話をしていました。カメの甲羅が剥がれたことを見つけた子どもたちは，「痛いかな，大丈夫かな」と本当に自分のことのように心配そうにしていました。一緒に

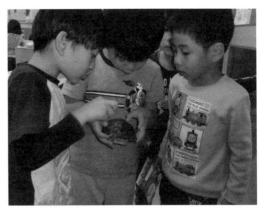

カメくん，大丈夫？

園生活を過ごしているという思いが子どもたちにもあるようで，飼育動物へ共感する気持ちが育っているようです。カメが脱皮をすることを保育者も知りませんでした。この事例では，カメの甲羅が剥がれた理由を自分で調べてしまったことを保育者は反省点としてあげています。子どもたちに「なんでかな？」と疑問を投げかけて子どもの様子をみて，一緒に絵本や図鑑で調べるなどの方法をとるべきだったとあとから思ったようです。園庭で見たことのない草花を見つけたり，小さな幼虫を発見したりすると「なんだろう？」「どうしてかな？」と口にすることが多いのですが，その機会を逃さず，子ども自ら答えを見つけられるようにするためには，子どもがそのようにできる環境を整え，待つという意識が保育者の側に必要だと気づいたようです。4歳児になると好奇心が探究心に結びついていきます。主体的な行動へと発展させられるかどうかは保育者にかかっています。

　園では0歳児からどのクラスでも小動物を飼育しています。チョウの幼虫やカタツムリのように野生の生き物を一時的に飼育して毎日身近に観察できるようにしたり，カブトムシやカメのように継続して飼っていたりします。幼児でも飼育経験のある子どもはより豊かな生物学的知識をもち，その知識を他の生物に当てはめることができることが明らかになっています。飼育を通していろいろな生物のいろいろな生き方があることを間近に見る経験は知識を増やすだけではなく，飼育の質がよければ，他の生物に対する共感を育てることにもつながるようです。

【コンポスターの土にトマトの種が入っていた】

　5月中旬に，普通の市販の土が入ったプランターと，コンポスターでできた土だけが入ったプランターの2つにアサガオの種をまきました。コンポスターには，低年齢児クラスの頃から野菜や果物のくず，枯葉を入れにいき，小動物や微生物が分解してくれて黒くなり，堆肥になるところを何度も見てきています。コンポスター

抜いた野菜はコンポスターに

の土に栄養があることを子どもたちは今までの経験から知っています。そのため，「どっちの土に植えたアサガオの方が大きく育つかなぁ？」とたずねると，ほとんどの子どもが，「コンポスターの土！」と答えます。双葉の頃にはあまり違いがわからなかったのですが，本葉が育ってくると「コンポスターの土と普通の土どっちが勝ってるかなぁ～」とプランターを見にいき，「何か，コンポスターの土の方が葉っぱが大きいでー！」「コンポスターの土の方がいっぱいでてきた！」と自ら違いを発見し，報告してくれるようになりました。全員が興味をもつことはありませんが，コンポスターの土と普通の土の成長の様子の違いに気づいた子どもがみんなの前で発表したり，絵に描いて保育室の壁に掲示したりすることで，自分で観察しようとする子どもが増えていきました。ツルもぐんぐん伸び始め，支柱に巻きついたツルを見て，「アサガオがのぼり棒してるよ！」「どのアサガオもみんな同じ方にくるくる巻いてるね」とアサガオの特徴にも目を向けるようになってきました。

　そんな 7 月のある日，H 児が，「先生，コンポスターの土から何かアサガオと違う葉っぱがでてるよ」と教えてくれました。保育者が「どこかで見たことがある葉っぱだね」というと，「ぼくも見たことがあるけどどこだったかなぁ～？」と考え始めます。そのときは答えを思いつかなかったのですが，何日か経った頃，「先生ちょっと来て！」と保育者の手を引っ張り，園庭のプランターで育てているミニトマトのところに連れていき，「この葉っぱと同じだよ」と教えてくれました。保育者も一緒にその葉っぱを 1 枚取り，コンポスターの土からでてきた葉っぱのところに持っていき比べてみました。「一緒の葉っぱだ！」と確認した H 児は満足そうでした。

　それから数日後のことでした。「先生，ぼくずっと考えてたんだ…」と H 児がポツリといいます。突然だったので，「何を ?!」と聞き返すと，「どうしてコンポスターの土からミニトマトがでてきたのかなぁ～？　ミニトマトの種は植えてないよねぇ？」と神妙な顔で話します。そのとき，保育者は「そうだね。アサガオの種しか植えてないよねぇ。不思議だね」とだけ答えておきました。その後も H 児は，「どうしてミニトマトがでてきたのかなぁ～？」と疑問を抱きながら観察を続けていたようです。

　そして，夏も終わりに近づき，菜園の夏野菜の収穫も終わり，枯れた野菜をクラスのみんなで片づけることにし，キュウリ，ナス，ピーマン，ミニトマトを根っこから次々と抜きました。抜いたミニトマトやピーマンには実がまだついていたので，保育者が，「このミニトマトやピーマンのなかってどうなってるのかなぁ～？」と言って割ってみました。子どもたちは中を見て，「これって種やで」「種ってごみみたいやなぁ」「種を植えたらまたトマトとかピーマンができるねん」と次々と知っていることを発言してくれました。それから，抜き終わった野菜をコンポスターに

入れにいくことにしました。そのとき，H児が「先生！　ぼくわかった！　コンポ
スターの土の中にトマトの種が入ってたから，トマトが出てきたんだ！　トマトの
種が土の中に隠れてたから，ぼく全然わからなかったよ！」と謎が解けたかのよう
に話し始めたのです。「コンポスターの土のなかで，トマトの種が眠ってたんだね」
と保育者も応えました。今まで疑問に思っていたことが解けたことがよほどうれし
かったのでしょう。迎えに来た母親や担任以外の保育者にも報告していました。

　野菜からできた種を植えるとまた実がなることは知識として知っているものの，
意図的に植えたものではなく，偶然に発芽したことから広がった事例です。H児は
普段はおとなしく，自分から積極的に発言し，声をかけてくるタイプの子どもでは
ありませんでした。けれども，小さな芽がミニトマトだとわかってからも，「どう
してコンポスターの土からミニトマトがでてきたのか？」という疑問を自分のなか
でずっともち続けていたことがわかります。この疑問がでた日には，H児以外の子
どもたちも一緒に考えてみましたが，納得のできる答えを見つけることはできな
かったそうです。保育者は子どもが「どうして？」と疑問に思ったことは，たとえ
結果がでなくても自らの体験を通して答えを見つけていく必要があると考え，この
ときはあえて答えをいわず，待つことにしました。その結果，夏野菜を片づけたと
きに野菜に種があることに気づき，種も一緒にコンポスターに入れたことで，「コ
ンポスターの土のなかにトマトの種が入っていたから，トマトがでてきた」と自ら
の経験を通し，H児自身がその答えを考え出すことができました。7月に問いを立
て，8月末にその答えを自ら見つけ出したことになります。H児のように日頃は積
極的な発言がなくても，静かに思考し，問いをもち続けるタイプの子どももいるこ
とに，保育者が改めて気づかされました。子どもの疑問にすぐに答えを与えること
は簡単です。待っても答えを見つけることなく終わるのであれば，答えをその場で
見つけるようにした方がよいのではないかと保育者も迷います。しかし，この事例
のように「待つ」ことをしたからこそ，子どもが自ら答えを見つけることができる場
合もあります。この4歳児の子どもが問いを抱えていた時間の長さを考えると，保育
者が「待つ」ことを改めて考える必要がありそうです。幼児には目にみえず，直接
経験できるわけではない循環の理解は難しいとされることが多いです。しかし，この
事例からは，植物が育って種を残し，それが土のなかで眠り，発芽し，また，その植
物に育つという循環に4歳児でも自ら気づくことができることを示しています。

7. 5歳児

　5歳児になるとより深く知ろうとする力が育ち，見たり聞いたりしたものについ

て疑問を投げかけたり，自ら調べようとしたり，今までの経験で得た知識のなかから掘り起こそうとしたりできるようになります。例えば，アゲハチョウの幼虫を部屋で飼い始めたときは，今，エサとして与えているレモンの葉が園にはないからどうしたらいいだろうと友だちと一緒に考え始めました。まず，図鑑で調べましたが，詳しい答えが載っていませんでした。そこで，レモンの葉はどんな匂いがするのか嗅いで，手で触って硬さを確かめるなどいろいろな感覚を使って探ろうとしました。それから，菜園に行き，キュウリやトマトの葉は匂いが違うし，ビックリグミの葉も硬いからだめだというように，いろいろな植物の葉を確かめ，たくさんある木のなかからミカンの葉を選び出しました。そして，ケースのなかに入れてみると，青虫が食べ始めました。その様子をみて，子どもたちも大喜びです。4歳児のときにはあまり興味がなかったようにみえたコンポスターや自然界のつながりの話もしっかりと覚えており，食物連鎖のピラミッドについても関心を示し自ら調べたりしています。4歳児のときに知識として得たことが積み重ねられていることを実感します。様々な場面で意欲的な動きをみせ，多方面に興味が広がり，不思議だと感じたりより深く知ろうとするだけではなく，友だちと意見を言い合ったり相談したりし，自分以外の人のことも考えられるようになってきました。

【塩作り】

　5歳児になると毎年塩作りに取り組みます。夏に海に行く予定のある子どもに海水をとってきてもらいます。その年は8人の子どもがどこの海の海水かをメモして持ってきてくれました。ペットボトルに入った海水を保育室に並べておくと，「これにごってる」「これきれい」など様子を比較しています。海に行った子どもは実際に海水の感触や匂い，味を経験しているはずですが，行っていない子どもも保育室にあるペットボトルに入っている海水の色や濁りを見たり，匂いを嗅ぐことができます。

　8月末に保育室で塩作りをすることになりました。海水を鍋に入れるときに「どんな匂いする？」とたずねると「海の匂い」「ちょっとくさい」などの感想を出してくれます。海水を煮詰めていく過程に起きる小さな変化も見つけられるよう，子どもにみえる高さにしました。煮詰めていると，「先生，すごく湯気出てるな」と水蒸気を見つける子どもや「お水がさっきよりもすごく減ってる」と海水の量を気にする子どもがいたり，「なんでグツグツしたら減るんやろ？」と煮詰めたときの音と結びつけて疑問を口にする子どももいます。「湯気になって消えていくんやで」と他の友だちが答えると，また「じゃあ湯気って何でできてるの？」「海の水？」など新たな疑問がでてきました。そこで，保育者が湯気を集めるために「タッパーをひっくり返して湯気を集めることにしたら」と提案してみると，「やってみよう」ということになり実験が始まりました。少しすると水滴が集まり始めたので，味見をすることになりました。「なんか塩の味がする」「やっぱり塩味と思う」という子

どもがいれば「何も味してない。水と思う」という子どももいたので,鍋のなかに残っ
ている海水の味と湯気から取れた水の味を比べることを提案してみました。そうす
ると,「こっちが塩味でさっきのは水や」「ほら,水やったやろ」「ほんじゃあ水が
どんどんなくなるから,塩になるってこと?」「きっとそうや,いっぱい湯気でて,
いっぱい水なくなっていくねん」「お水なくなるの,見たい」と子どもたちなりに
議論しています。

次に,2度目のろ過をして,「ど
うなるか見ていてね」と保育者が
火にかけるとどんどん煮詰まって
水分がなくなり,塩の結晶が浮き
始めます。水のなくなる様子を
じっと見ていた子どもが「お水な
くなって白いのができてきた」と
いうと,他の子どもたちが集まっ
てきました。「すごく少なくなって
るやん」「なんで少なくなった
ん?」という子どもがいて,初め

湯気が出てきた

から見ていた子どもが「だって水が湯気になっていってるから少なくなるねん」と
説明すれば,その答えに「そうなん,すごいな」と納得する子どももいます。しば
らく見ていると,どんどん白い物が集まり始めました。触ってみようとしましたが
熱かったので鍋をゆらしてみると,「まだ,濡れてる」「白いな」「ほら先生,水な
くなったら塩になるやん」と,うれしそうな表情をしています。それから3度目のろ
過をし,にがりと塩に分けました。にがりは下に落ち,上に残った白い物を天日
に干すと塩のできあがりです。触って「サラサラや」,なめて「しょっぱい」「からい」
と感想がでます。その後,その塩を使って塩おにぎりを作り,「やっぱりしょっぱ
いね」「ご飯につけるとあんまりしょっぱくないね」「おいしいね」などと自分たち
で作った塩を味わいました。

塩作りは5歳児の活動として毎年行っています。日頃から五感を使うことを意識
して活動しているために,塩作りという1つの活動の過程でも子どもは五感を駆使
して観察します。また,海水が減ってくると子ども自ら「湯気」の存在に注目し,
その正体を知ろうとしました。目の前にある事象を見て,不思議だと感じ,様々な
問いを思いつきます。そして,保育者の提案を受けて,その答えを見つける試みも
行われました。疑問を出すだけではなく,その答えを見つけるためには何か方法が
あり,それを行うことで答えを見つけるという一連の流れを経験することができた
のです。日頃から子どもが疑問に思うことを大切にし,絵本や図鑑を見て自分で調
べることをうながし,子どもが自分の力で答えを探るように意識してきた成果がこ
こに現れています。科学遊びをイベント的に体験するのではなく,日常に組み込ま
れた活動のなかで子どもが疑問をもち,自ら答えを見つけようとする態度が育つこ

とが，幼児期の科学性の芽生えの育ちといえるはずです。塩も私たちの生活になくてはならないもので，自然の恵みです。自然の産物であること，塩になるには加工の過程が必要であること，そこには知らない人の労働があること，第1章で説明したシャドウ・プロセスに気づく経験となっています。ここでは私たちの生活のなかに当たり前のようにあるものが海という自然からきたものであることを確認しています。私たちの生活が自然とつながっていることを様々な場面で経験していくことは環境教育としてなくてはならない部分です。

【大切な命をいただきます】

　園の給食には牛・豚・鶏の肉料理や魚料理など，動物性タンパク質を含む料理が必ず含まれます。日頃，自分たちが食べている食事に他の生物の命が関わることを実感することはありません。そこで，近隣の養豚場へ見学にいくことにしました。近づくにつれて，「なんかにおい，する」と声が出始めます。養豚場に到着すると圧倒されながらも，すぐに慣れて，飼育

かわいいね

されている豚を見て「かわいい」「元気やな」など興味をもち始めました。そこで，管理されている方から，何をエサにしているかや飼育室の仕切りがある理由，ワクチンなどの病気の管理などについて教えていただきました。

　そして，今度は，別の日に給食の肉を仕入れている精肉店の見学に出かけました。売っている肉の種類や部位によって名前が変わることを教えていただき，「これはどこの部分？」「機械でどうやって切るの？」「すぐに腐ってくる？」などの疑問に思ったことも自分の言葉で質問することができました。そして，実際に肉を切り分けてグラムを量るところや肉を保管してある特別な冷蔵庫も見学させていただきました。

こうなるんだね

この見学当日の給食には豚肉を使うように調理室と連携しています。配膳されると，子どもたちは「今日は豚肉が入ってる」「さっき見てきたお肉やねんな」と気がつきました。保育者が「先に見てきた養豚場の豚が殺されて，今日のお肉屋さんで売られて，給食の先生が作ってくれて，みんながこうして食べられるんだよ」と説明すると，「豚さんにありがとうっ

ていう気持ちやな」「いただきますってそういう意味なんや」といつもより気持ち
のこもった「いただきます」という言葉がでました。

　養豚場と精肉店の見学は，この実践研究を開始した初年度の若い保育者たちが考
え出した活動でした。環境教育的な内容を強調しなかった初年度であったにもかか
わらず，この実践を考え出した保育者たちは，環境教育における生活のなかで自然
との関わりを意識していく重要性に気づき，それを保育で意識するにはどうしたら
よいか考え抜いた結果，こうした体験に意味があるはずと判断し，実践することに
したのです。登美丘西こども園では米や野菜を栽培し，子どももその栽培に関わり，
収穫物は園内で何らかの形で食べ，収穫物の食べられる部分以外は可能な限りコン
ポスターに入れています。これらも生活のなかで自然との関わりを意識していくた
めに実践しているのですが，園外学習先に養豚場と精肉店を選び，実行に移すこと
は勇気がいったと思います。哺乳類であるブタは，植物よりもずっと私たちに近い
動物であり，人にも慣れ，感情もあります。私たちは生きるためにそうした動物を
育て，その命を奪うのですが，その過程を意識することは，野菜の栽培や調理より
ずっと激しく心を揺さぶります。5歳児の体験は肉を得るための一部の過程を見る
だけなのですが，それでもスーパーで並ぶきれいに整えられたパックを見るだけの
体験よりは真実に近いものです。この初年度の子どもたちの様子をみた保育者たち
は，次の年にも同じ経験をさせたいと考え，現在も5歳児の活動として受け継がれ
ています。この実践では複数の内容がつなげられ，子どもが継続して考えることが
できるように工夫されています。通常は，動物たちの命やその命を奪う仕事，肉と
いう姿に加工する仕事，そしてそれらに関わる人々の姿を見ることができません。
給食という時間に至るまでには，調理する人の思いや労働もあります。これらはす
べてシャドウ・プロセスです。動物が自分たちのために死んでくれているから命を
大切にしようという気づきを得ることが主たる目的ではなく，私たちの生活の様々
な場面にみえない過程が隠されていることを繰り返し経験し，目の前にある姿の裏
には，みえないけれども常に様々なことが広く深くつながっているという環境のと
らえ方をしてもらいたいのです。

【冬の落ち葉遊び】

　他の学年は春と秋の2回ですが，5歳児クラスだけ年間4回「堺自然ふれあいの
森」を訪れます。「堺自然ふれあいの森」は堺市南部に位置する里山公園ですが，
その自然の質が園のある住宅地区の自然地とは異なるだけではなく，積極的に環境
教育を提供している施設でもあり，登美丘西こども園の園児が訪問した際にはレン
ジャーさん（森の案内人）のガイドをお願いしています。同じ場所に年間を通して

4 回行くのは，春・夏・秋・冬と四季の移り変わりを感じるためです。冬の遠足は，5 歳児にとって最終の訪問となります。毎回，レンジャーさんから自然についての知識や遊びを教えてもらっていますが，今回は落ち葉で遊びました。まず，森のなかを散策する前にレンジャーさんから「穴があいて顔にみえる落ち葉を探しながら歩きましょう」「どんな顔があるか

落ち葉のじゅうたん

な？」と声がかかりました。子どもたちは「これ笑ってるみたいじゃない？」「これ魚の顔みたいにみえる」など友だち同士で話しながら，落ち葉を縦にしたり横にしたり裏向けにしたりして探しています。次に，「1 つも穴のあいていない落ち葉を探しましょう」という呼びかけがあると，「穴のあいていない落ち葉はなかなかないなぁ」「これも穴あいてる」「虫が食べてるわぁ」など目を凝らしながら注意深く探します。そのなかで葉を空に向けて「これ光ってるから穴あいてる」「これ真っ暗やから 1 つも穴あいてない」と，落ち葉を空にかざして穴から光が入ってこないかどうか自分で確かめる子どもが現れました。1 人がそのように落ち葉の穴があるかどうかを調べ始めると，周りの子どもも真似をし始めます。集合場所の広場に戻り，集めた落ち葉をグループごとに黒い布の上に並べて，他の子どもが集めた葉と見比べました。その後，子どもが目隠しをしている間に，保育者が落ち葉をバラバラに並べ替えて，子どもが自分で拾った落ち葉を見つけるゲームをしました。子どもたちは 1 枚 1 枚の葉の形や大きさ，つや感，色，手触りなどを確かめて，自分の拾った落ち葉がどれかを，「ぼくの葉っぱはもっとつるつるして硬かった」「私の葉っぱは葉の裏に黒い点々があったからこれだと思う」などといいながら考えます。1 枚 1 枚じっくりと落ち葉を観察して遊んだあとは，竹ぼうきで落ち葉をたくさん掻き集めて遊びました。空に向かってまき散らしたり，焼き芋ごっこをしたりして，「落ち葉の雨みたい」「コンポスターの匂いがする」と全身を使って落ち葉で遊びます。落ち葉の下にいるヤスデやミミズ，カタツムリ，ワラジムシなどの冬眠している小

わたしの葉はどれ？

動物を探し，「寒いから落ち葉の下にもぐってるんやなぁ」「虫が食べて落ち葉にいっぱい穴あいてたもんなぁ」と落ち葉が虫たちの生きるために必要な住みかや食べ物であることに気づく子どももいます。落ち葉の下に隠れているまだ花のついていないタンポポやナズナの葉を見つけ，持参した図鑑を使って調べていた子どもは「ちょっと待って，これタンポポ

や，踏んだらあかんで」と友だちに知らせていました。

　冬の森の景色は，一見すると茶色で薄暗く，花や昆虫も目につきません。そうした冬ならではの自然の姿に気づき，学びを深めるためには同じ場所で異なる季節に体験することが必要です。季節ごとに同じ場所を訪れ，その度に四季折々の自然を同じ場所で体験してきたからこそ，「春に咲いていたモチツツジの木に今は花が咲いていないけれど，葉は緑のまま」「夏に来たときよりも森のなかの道が落ち葉でふかふかしてる」など季節の変化に気づき，言葉にすることもできるようになります。また，自然の専門家から教えてもらう知識や遊びは，保育者や絵本から得るものとはまた異なる価値をもって受け止められます。子どもは知識に対して貪欲であり，専門家に敬意を払います。この事例では，レンジャーさんの導きもあって，子どもたちは落ち葉の匂い，踏んだ感触，擦れる音など冬ならではの自然を五感で存分に楽しむことができました。秋の色づいた落ち葉はよく保育の素材として活用されます。けれども，冬の茶色い落ち葉を保育者が保育に活用するような機会はほぼありません。今回はレンジャーさんの自然に目を向けさせる工夫により，子どもは葉の多様性に気づき，その葉と他の生物とのつながりにも気づくことができました。そして，落ち葉を観察するなかで落ち葉は虫が越冬する住みかであり，虫の食べ物になっているということにも気づきました。生物が相互に関係しあって生存しているということの素朴な気づきです。また，「コンポスターの匂いがする」という発言からも，自然の循環の学びの場として設置されている園のコンポスターと目の前のたくさんの落ち葉がふかふかの土とつながっていることとの類似性におぼろげながら気づいていることが読み取れます。こうした気づきが今後自然のなかでの分解の仕組みの理解につながっていきます。春から小学生になる5歳児たちに，いろいろなものを発見する力，「何？」と不思議に思って自ら調べようとする態度，落ち葉の下で春を待つ植物に気づき，慈しむ心情が育っていることがわかります。

8. 大人から見た子ども

　ここまで，環境教育の実践研究を始めてから記録をとり続けてきた子どもの姿の一部分を学年ごとに紹介しました。園の生活では学年に分けていますが，一人ひとりの子どもにとっては区切りのない連続した流れです。そして，家庭での経験もその子どもの育ちに大きく影響しています。もともと生き物が好きな子どもがいれば，苦手な子どももいます。何にでも積極的に関わろうとする子どももいれば，おとなしい印象を与える子ども，発達に課題を抱えた子どももいます。そうした個性の異なる子

どもがいるなかで，この環境教育の実践研究を進めることで子どもがどのように変化したのかを見極めることは，そう簡単ではありません。どの子どもも成長に伴い，それぞれの発達の道筋を進んでいくからです。それでも，環境教育の実践研究を進めたからこそみえる姿もあるように思われます。

保育者からみると

　ここでは保育に携わってきた保育者の目からみて，子どもがどう変わったのかをまとめてみます。環境教育の実践に取り組む前にみていた子どもの姿と実践に取り組むようになってからみる子どもの姿と，子どもは入れ替わっていくのですが，保育者の実感として違うと思うようなところはあるのでしょうか。環境教育とは何かがよくわからないと悩みながらも，保育者は毎月，事例を書き込んできました。特に，事例を取りあげるのは初めてという保育者の場合，取りあげるために何か活動をしなければならないというプレッシャーを感じることもあるようです。しかし，慣れてくると，また，事例研究会を継続していくと，次第に日頃の子どもの言動をよくみるようになり，子どもの育ちがみえてくるようです。

　低年齢児の担任たちは次のように書いています。

　　　1歳児の子どもたちだが，0歳児からの継続児は植物をむやみにちぎったりすることがなく，やさしくあつかうことに驚いた。やはり大人がどのように自然に対して関わっているのかをよく見ていると感じている。

　　　0歳児クラスの担任で，環境教育について取り組むのはなかなか難しいと感じていたが，散歩や菜園に行く前には保育室に掲示したポスターで花や虫を繰り返し伝えてきた。すると秋を過ぎる頃からポスターと同じ物を見ると「あっ，あっ」と指を差す姿がみられ，「伝わっている！」と感じた。繰り返し伝えていくことの大切さを知った。

　また，最初から実践研究に関わってきた保育者は次のようにいっています。

　　　網や虫かごを使わなくなった。以前は，虫を見たら網で捕まえ，虫かごに入れて，そのまま。ただ捕まえるだけを楽しんでいた。今は，手で捕まえて，観察したいときは観察ケースに入れてみて，その後もとの場所に戻している。花も以前は見たらちぎる姿があったが，今は遊ぶ分だけとか，考えて採るようになった。

　0～2歳の低年齢児では，実践研究に取り組む前に保育者たちが考えていた以上に，子どもは自分を取り巻く環境に関心をもち，気づいているということがわかっ

たようです。また，その時点では反応
がないようにみえてもあとから伝わっ
ていたことがわかったり，前からの在
籍児と新しく入ってきた子どもの違い
に保育者が気づく場面もたくさんあり
ました。3〜5歳児ではさらにその学
びが重層化して，自然の様々な要素に
共感をもったり，素朴な生態学を学ん
だり，自分の生活と結びつけたりでき
るようになることがわかりました。自
然との関わりは多くの園で実践してい

見たらもどすよ

るのですが，そこにどのような育ちがあるのかを環境教育の観点から分析すると，
違う姿がみえてくるようです。いずれにしても，子どもには力がある・子どもはよ
く知っている・子どもって面白いという言葉が保育者からでてきたとき，保育者は
子どもの育ちを感じているのです。

🐝 保護者からみると

　園では5年目に環境教育の実践についてどの程度保護者が関心をもっているかを
知るためにアンケートを実施しました。環境教育の実践研究に取り組んでいること
は保護者に評価されているのか，理解されているのか，そもそも園の保育に対して
保護者はどう思っているのか，園としてはどきどきしながら回答を待ちました。そ
こにも保育者たちの予想を超えて，たくさんの保護者が子どもの変化を書き込んで
くれました。その声を表3-1に並べてみました。

　ほかにもたくさんの声があがりましたが，全体として自然に興味があり，自然に
やさしく，環境への関心が高く，食べ物を大切にする子どもの姿が読み取れるので
はないでしょうか。園に通い始めてからの子どもの育ちを保護者がしっかりととら
えていることがわかります。また，環境問題への不安から環境教育の必要性を感じ，
園の取り組みを評価し，それを積極的に記述してくれた保護者も少なからずいまし
た。

　登美丘西こども園での子どもの育ちが卒園後にどこまで維持されるのか，それを
確認することはできません。しかし，このアンケートでは，「卒園した上の子が水
や植物の大切さを学び，今でもそれらを思い，大事にしている」「卒園児がいるが，
野菜を切ったり昆虫と接触したり関わりが変わった」と書いた保護者もいました。
また，あるとき卒園児が保護者と一緒に園の行事の手伝いに来てくれました。保護
者はその卒園児が「ぼくが5年間お世話になったこども園やから，手伝いにいきた

第3章　子どもが変わる

い」と言ったことを伝えてくれただけでなく，小学校でアシナガバチについて「ハチは飛んでくるけど，食べ物を探しているだけやからそんなときはそっとしてたら刺したりしないよ。命は大事だ。」という内容の作文を書いたと教えてくれました。小学校に入っても，同じ場所に暮らす他の生物たちへの思いをもち続けてくれていることがわかります。

表3-1　保護者からみた子どもの姿

○野菜が食べられるようになった。（虫や草花で）季節を感じられるようになった。
○「わぁーキレイだねぇー」など花などを見て教えてくれるようになった。
○虫に関してはどんな虫でも怖がらず触れることができる。空や木，花などに関心をもつようになった。
○ゴミの分別を意識して，家でもしようとする。植物の名前をよく知っている。生き物に興味をもち，よく探したり，触ったりする。少し触ると逃がしてあげる。野菜を育てることに興味をもち，成長を楽しみにしている。
○動物や植物にとても興味を示している。小さなことでも娘のなかで気づきがあるようで，それを指さしや声を出して周りに知らせるようになってきている。
○家のプランターに自ら進んで水やりをしてくれるようになった。植木が青虫に食べられて枯れたときは大丈夫かなぁ？と心配して窓からのぞいていた。園に通うまでは全然関心はなかったのに。
○生き物に対してのやさしさはもちろん，野菜もたくさん食べ，最近ではお友だちや家族にもやさしくなってきた。
○気づいたらゴミを自分で拾ったり捨てたりしてくれるようになった。
○虫をあまり怖がらない。畑が好きになった。
○「もったいない」という言葉を理解し，よく言うようになってくれた。
○虫などの命を大切にする，虫も生きているんだということを少しはわかってくれてきたかなぁと思う。虫や植物に興味をもつようになった。
○リサイクルを積極的に心がけるようになった。野菜を以前より食べるようになった。生物，動物に興味をもち，飼いたいというようになった。
○よく葉っぱを触っている。小さな生き物（昆虫，動物）などに話しかけている。よく空を見ている。
○普段の生活のなかで環境問題やエコについて意識する場面がみられると思う。物を大切にという気持ちが芽生えた。
○野菜や花の名前，虫の名前を知っている。ゴミの分別を気にしている。ペットボトルのリサイクルについて知っている。
○何気ない草・花・枝を見つけるようになった。季節の変化を感じ，楽しんでいる。
○自然や環境に対する興味が確実に高まっている。親も園の取り組みを通して，食の大切さを感じている。
○植物の名前をよく知っている。ゴミを分別している。命をいただいていることを口にしている。
○虫が苦手だったのがセミを触れるようになり，虫の名前も覚えている。
○アリを踏まなくなった。
○植木に水をあげたがる。きちんと根のところへかけている。葉っぱの気持ちを語ったりする。
○道端に咲いている草花や虫等を観察し会話するようになった。お米を残さなくなった。

登美丘西こども園の先生方に聞いてみました！③

実践研究をする前と今とでは，子どもは変わりましたか？

自然物を使ってごっこ遊びをしたり，生き物をやさしくあつかったりできる子どもが増えている。

経験を積んでいる子どもほど生き物をやさしくあつかうことができ，それを年下の子どもや新入園児に伝えていて，子どもの間で受け継がれている。

子どもによるが，知識豊富な子どもが必ずいて，その子の影響を受ける。保育者が子どもに自分で考えるよううながしているので，子どもの意識も変わってきている。

気づきや発見が増えた。新入園児より在籍児の方が自然に対する興味が深い。

最初，子どもがエコ活動に取り組む姿を見てすごいと思ったが今も自然に行われている。ビオトープができて観察力がついた。

以前は知らないが，0－2歳児でも命を大切にすることややさしい心が育っている。

0－2歳児が見つけたことを保育者に伝えようとする姿が増え，言葉の表現も多くなった。

自分で遊びを見つけ，考えながら遊ぶ子が増え，自然にやさしい子が育ってきている。

時間をうまく使い分け，ゆとりをもって遊べるようになった。自分の力で知識を得ようとする。

103

第4章
保育者が変わる

1. レンズが変わる

　子どもが環境教育を通してどのように変わるかを見極めることは簡単ではありませんが，保育者は自分の変化に気づくことができます。保育者の変化として，子どもの育ちをみるレンズ，そして，自然をみるレンズが変わるという2点をあげることができます。

自然物で遊ぶ

　まず，この実践研究を通して低年齢児の見方が変わりました。0〜2歳と関わるときの保育者は養護への意識は高いのですが，教育という点では子どもの言動にその反応が表れにくいために，保育者の側から活動や言葉がけを限定してしまっている印象がありました。もちろん，通常，保育者は『幼稚園教育要領』や『保育所保育指針』に沿って各領域を意識しながら，様々な経験ができるように保育内容を考えています。それは登美丘西こども園でも同様です。しかし，それは○○の経験をしてもらいたいから，○○遊びをしようというような形で保育者から与えられるものとしてあったようです。そのため，実践研究を始めた最初の頃は，0〜2歳児に対する環境教育といわれても「何をしたらいいのかわからない」というのが率直な反応でした。低年齢児を担当することになった保育者は誰もがそう思うようです。環境教育のために○○遊びをするというようなことがすぐに思い浮かばないからです。しかし，わからないなりにも自然と関わることを身近にすること・保育者が自分の気づきや伝えたいことを語りかけること・保育者自身の行動をみせることを継続していると，時間が経ってそれが子どもに根付いていくことに気づき始めます。低年齢児でもわかる・言葉には出さないがわかっている・気づく力をもっているということに，保育者が気づくのです。そして，それは，2年目・3年目と年数が経ち，園で育った

子どもに今までみられなかったような育ちがみえたときに，ようやく確信がもてるのです。

　3歳児以上の子どもに対するレンズも変わってきます。子どもに教えるという立ち位置であった保育者が，次第に子ども自身が答えを見つけることを大切にするようになってきます。環境教育の実践を始めたときも，当初は環境のこと，自然のことを保育者が伝えるという立ち位置で語ることが目立っ

保育室内環境構成の例

ていました。しかし，それも変化してきています。少しずつ，子ども自身が疑問をもつ，答えを見つけることに保育者が価値を感じてきています。保育者が与えた知識を保持することではなく，自分で知識を得ようとする力を評価するようになってきたのです。こうしたレンズでみるようになると，子どもへの言葉がけも「答えを与える」ことから「答えをたずねてみる」「答えを見つけることをうながす」ことへと変わり，子どもの気づきや答えを待つようになります。また，要領や指針で言い古された言葉ですが，環境構成が重要であることも保育者が実感するようになり，絵本や図鑑，ポスターなどを意図的に準備するようになりました。

　菜園や園庭も少しずつ変わってきています。実践研究を始めた頃の園庭は遊具があって，わずかに木が生えているという日本の保育の場でよくみる，いわゆるグラウンド型の園庭でした。その一角に，少し雑多なスペースができ始めました。プランターや植木鉢を並べて集めただけの場所に雑草が生えてきます。まとまりがなく，整備された美しい花壇とは正反対の場所です。その雑草を抜かずにおいておくと，そこにはバッタやカマキリなど小動物がみられるようになりました。自然が多い菜園に行くには一旦園を出なければならないのですが，園庭は毎日子どもが自由に遊ぶことができる場所です。そこに小さな生態系ができることは，生物多様性や循環を学ぶためにとても大切です。そして，子どもに対するレンズが変わることで，環境構成のあり方も変わってきます。見た目が汚いから邪魔者は抜いてしまおうというレンズで雑草を見るのではなく，この草のところに虫がいろいろ集まってきたら子どもに自然の多様性や生き物同士のつながりを経験してもらえるから大切にしておこうというレンズで雑草を見るようになります。これは，保育者の自然を見るレンズが変わったということです。第5章3節で取りあげますが，現在，園庭は実践研究の開始時とはまったく異なる姿に変貌を遂げています。

　毎年，年度末には保育者が研究に携わった自分を振り返ります。ある保育者は「子どもの発想や感性に驚かされることがたくさんあった。子ども自身は以前から自然

のなかで気づいていたことがたくさんあったのだろうということに気づけた。より細かく子どもを観察することで楽しいエピソードが増えている」と書いていました。また，別の保育者も「『ここに虫がいる』『葉っぱの色が変わった』『チューリップの芽がでた』など子どもの発する言葉を意識して聞くようになった」としています。実は，それまでにも子どもはいろいろな姿をみせていたはずなのですが，自分のもっていたレンズでは気づかなかっただけということに保育者が気づいています。

2. 保育者自身が変わる

　環境教育の実践研究で目標とした子どもの姿は「身近に自然を感じ，自然が大好き，大切にしたいと思える子ども」でした。そのため保育者たちは子どもが自然と身近に関わることができるよう様々なことに取り組んできました。係活動のなかで菜園を整えたり，栽培活動の準備をしたり，ポスターを作ったり，保護者向けにお便りやその他で発信をしたり，絵本や図鑑を探して選んだりしてきたのです。それはもちろん，子どもの経験が豊かになるように取り組んでいるのですが，同時に保育者の知識を増やすことにもつながりました。

　ある年の新任保育者は「自然にまったく興味がなく，虫などを触るのも苦手であった。この実践をすることで自然に目を向けられるようになり，季節の移り変わりに敏感になり，植物の名前なども覚え，ザリガニも触れるようになった」と書いていました。「コンポスターに野菜くずや落ち葉などを子どもたちと入れることを小まめに続けてきたが，半年以上経つとだんだん土に変わる様子を見ることができ感動した。その土をまた畑の土に入れ種をまき，野菜を育てるサイクルを体験している最中なので，今までにないような大切な気持ちを自分自身がもちながら成長を毎日見ている。大人が大切にすると子どももその姿を見て，同じように大切にする様子がわかるので，丁寧に伝えていきたいと思う」と書いた保育者は子どもに伝えることより自分が自然に向き合う重要性に気づいています。また，子どもに向かい合ったときの自分の力のなさを感じて「子どもの反応が早く自分自身の知識不足を感じ，なるべく事前に調べることが身についてきた」とする保育者や「昨年までは自分自身，動植物についての知識が少ないため，子どもに聞かれてもうまく伝えられないことが多かったが，わからないことがあったときにすぐに調べるようにしてきたことで，少し知識がついてきて子どもと会話が弾むようになってきた」とする保育者もいました。「環境問題についての自分の意識が高まってきた。節電したり，ゴミの分別を自宅でも進んでしたり，家族にも勧めるようになった。新聞の関連記事も注意して見るようになった」と自分の行動の変化に気づいた保育者もいます。

　養成校で自然は子どもの発達に大切だと学び，どの保育者も自然は大切ですと語

ります。第1章でも述べたように，日本の公教育に環境教育が取り入れられたのは
1989年の『学習指導要領』改訂ですから，1990年代に小学校に通い始めた人は学
校教育において何らかの環境教育を受けてきているはずなのです。しかし，実際に
は自然への関心が薄い人，苦手な人は保育者集団のなかにも必ずいます。そして，
保育実践のなかで保育者は成果物としてみえやすい活動に飛びつきがちです。保育
者研修のテーマに表現遊びが必ずリストされ，人気があるのはそのためです。表現
遊び（製作，音楽，運動など）はすぐに活用できて，大人にとっての成果がすぐに
みえるからです。成果がみえにくい自然遊びについては，保育者も積極的に自分の
知識や技術を高めようとは思いにくいようです。実践研究を継続するなかでも，も
ともとの保育者の自然への向かい方が違うので，保育者の変化も様々です。しかし，
一人ひとりが少しずつ変わることで，集団としての平均値が上がっていきます。

子どもの主体性を大切にしようとい
うことは実践研究の当初からめざして
きたことでした。登美丘西こども園は，
もともと，この研究に取り組む前から
も，保育者主導で子どもにさせる保育
ではなく，子どもが自ら育つことを大
切にしようとする保育を常にめざして
きました。それでも，日々の保育の流
れのなかではなかなか思うような保育
ができない場面も多いようです。保育
者一人ひとりの保育観は異なります
し，また，毎年行ってきた行事など，

園庭での遊び

今までの保育を変えていくことも簡単ではありません。しかし，実践研究のなかで
自分が少し意識することで，保育というものに対する見方や自分の動きに少しずつ
変化を感じることができます。例えば，保育環境について，ある保育者は「保育室
に置く本，読み聞かせをする本を環境教育に関するものに増やし，子どもが興味を
もてるように言葉をかけたり，保護者に勧めたりした。自分自身も本屋や図書館で
自然やエコに関する本が気になり探すようになった」としています。子どもに対し
ても，「子どもが自然に関して始めた会話について，途中で話を遮って結果を知ら
せるのをやめたり，見守ったりし，少しだけ言葉をかけて会話が発展するようにし
た」とか，「普段の生活のなかで『これは環境教育につながるのでは』と思い，子
どもたちと話を広げたり，あとからでも『もう少し膨らませることができたら』と
反省するなど，自分のなかで気づくことが増え，自然という存在が身近なものになっ
た」「保育だけでなく，プライベートでも意識するようになった。自分自身が意識し，
調べたりすることで子どもの意識も高まっている」「子どもたちがより自然に親し

みがわくように，散歩先で見つけた草花を棚に飾ったり園庭に落ちていたクヌギの
実を触ったりして活動を工夫し，以前より声のかけ方も意識できるようになった」
というように，自分が意識することで自分自身が変化していくことを記しています。
　自分の変化が，子どもの変化につながり，それを喜びに感じる保育者もいます。
ある保育者は，「保育で素通りしていたことを事例として書くことで，自分の意識
が深まった。子どもの言葉を聞くだけで終わらず子どもに返していくことで，子ど
もがどんどん前に進んでいく。見逃したことも多かったが，見逃さないように意識
することの重要性を感じている。子どもが変わり，成長していることがうれしい」
と書いています。また，別の保育者は「まずは，自然と触れ合うことを自分が楽し
もうと思い，菜園に毎日行って子どもたちと過ごし，自分が興味をもったことを調
べるなどの努力をした。その結果，自分自身が愛情をもって自然と関われるように
なった。その頃から，子どもたちもたくさんの表情や仕草を表すようになり，子ど
もの反応をとても面白いと感じている」と記しました。「子どもに生物を大切にす
る気持ちが育ってほしいと思い，大人である自分が一生懸命にお世話をすると，そ
の姿を見た子どもの愛着心が育っていることを感じてうれしかった」と書いた保育
者もいます。いずれの保育者も，まずは自分がこうしようと決めて動いています。
その変化に子どもが応じていて，子どもの変化に保育者もしっかりと気づいており，
それに喜びを感じるようです。
　幼児期の子どもにとって，保育者が人間という存在のモデルとなり，模倣の対象
になることは要領や指針にも書かれています。保育者が自然に対してどのような価
値観をもって向かっているのか，どのような環境配慮行動をしているのかも，すべ
て子どもの模倣の対象としてみられているのです。

Q&A

ムカデなど，危険な生物は駆除せざるをえないです。
となると，どのような生物の命も大切にしようとする取り組みとの矛盾を感じてしまいます。

　その通りです。登美丘西こども園でも園庭の子どもがよく入っていく茂みにアシナガバチが巣を作り始めたときには，子どもに知られないように取り除きました。それがよいのか，悪いのか，誰にも判断はできません。そもそも，私たち自身が，矛盾を抱えた存在なのです。「命を大切にしなければならない」と思っているし，そのように行動しますが，他の生物の命をいただかなければ生きていけない存在です。

　また，人類の歴史を振り返れば，自然界の危険な生物からの捕食や攻撃，生物によって引き起こされる病気との闘いの歴史でもあり，文明の発展とはそれらを排除する過程でもありました。誰でも蚊が腕に止まったら殺すと思います。しかし，人間が他の生物を排除しすぎた結果，現在，世界中で生物多様性が脅かされるようになっています。生態系の崩壊は，個々の危険な生物の存在よりも恐ろしいことです。

　人間からみて危険な生物であっても生態系のなかでの役割があります。子どもと一緒に危険であることと同時に，どの生物も生態系のなかでの役割があることを学んでもらいたいと思います。危険な生物に出会ったら，子どもと一緒に確認して，調べ，どうしたらよいのか，子どもと一緒に話しあってみましょう。子どもの知らないところで危険を取り除くのではなく，子どもには危険とその対処法について学んでもらう方がずっと将来役に立ちます。また，環境教育の観点からすれば，自分自身が矛盾を抱えた生物であることを自覚しながら自然に向かう人に育ってもらいたいのです。

第Ⅲ部
幼児期の環境教育の
これから

第5章
幼児期の環境教育の課題と展望

1. 実践研究の課題

　環境教育をテーマに始まった登美丘西こども園の実践研究ですが，課題もたくさんありました。ここでは，ごく平均的な私立園が実践研究に取り組んでいく場合に考えられる課題とその対策を，10年を経てわかったことをふまえながら，取りあげます。

🐝 労働としての負担

　長時間の保育実践の場である保育所やこども園では，実践研究は保育者にとって新たな労働負担になります。例えば，現在，登美丘西こども園では正規職員が全員参加する事例研究会は月に1回，土曜日13時15分から15時という時間帯に行われています。全員が一度に保育中に集まるというのは容易なことではありません。事例研究会や研修会への参加だけではなく，この実践研究のために保育者は多くの時間を費やしています。月に1回，これはと思う事例について書くという作業があります。また，すべての保育者が係活動に従事しているので，そこで取り組む活動にも時間をとります。例えば，ポスター係だと，考えるだけではなく，実際に調べたり，絵を描いたり，写真を選んだり，文章を書いたり，コピーをしたりという作業をしていました。菜園係も調べるだけではなく，実際の現場を整備したり，苗や種を購入したりします。これらは，通常の保育実践に追加で取り組むことです。

　しかし，現在，世界の保育は大きく変わってきています。保育者には高い専門性が求められるようになり，子ども中心・遊び中心の生活という保育の場を作りながらも，保育者はそこに意図的な教育を染みこませ，子どもの学びの姿を記録により明示するとともに，保育の省察を行うことが保育の仕事であるようになってきました。この実践研究で登美丘西こども園の保育者たちが取り組んできたことは，そうした保育の新たな流れに一致するものでもありました。重要なのは，単に子どもに向かい保育をしているという時間だけが保育ではなく，保育環境を改善したり，ドキュメンテーションをしたり，会議をしたり，研修に行ったり，調べ物をしたりすることのすべてを保育労働として認めていくことです。そのため登美丘西こども園

では，様々な取り組みをして，保育者の負担感を軽減するように努めてきました。これは，管理職の役割であり，また，園のそうした取り組みが進みやすいように制度を整えていくのは行政の役割でしょう。管理職や助言者の立ち位置も重要です。労働環境のなかのパワーバランスは，労働者の精神衛生上，大切なことです。実践研究を実施するにあたって，管理職や助言者の思いが強すぎると，義務として実践研究に向かわなければならない立場にいる保育者の精神的負担は大きくなります。どのように実践研究を動かしていくか，どのような助言者を選ぶかも，管理職の役割です。

保育者の入れ替わり

　保育者の定着率が高くないことも課題でした。女性の多い職場であることから，若い世代の保育者の場合は結婚や出産を機に，あるいは，新たな道をめざしての退職も珍しくありません。保育経験の長い保育者の場合は，介護やその他の家庭の事情によってフルタイムで働くのが難しくなる場合もでてきます。経験を積んだ保育者からも，若い頃を振り返ると他の仕事がよいようにみえ，一旦は保育の仕事を離れたと聞くこともありました。また，保育という仕事が年々難しくなってきているのは事実で，困難な家庭や課題を抱えた保護者，支援が必要な子ども，今までになかったペーパーワークの増加，制度変更による様々な変化などに保育者たちは追われています。そして，質の高い保育をめざそうとする園ほど，保育者への要求が高くなります。そうしたなかで実践研究をすれば負担感がさらに増します。専門職としての社会的評価も労働の対価である賃金もまだまだ低いのが現実であり，引き合わない職業と感じている保育者は多いでしょう。もっと精神的に楽にみえる仕事，あるいは，業務負担の少なくみえる別の保育の場へと転職していく保育者も珍しくありません。実践研究をしている園としていない園では，業務負担は後者の方が当然少ないと思われます。一人ひとりの保育者でみると，おそらく，10年，15年と実践研究を続けたときに，苦労して実践研究に取り組むことが自分にとってどのような意味があるのかの答えがみえてくるのだと思いますが，そこまで継続できるかどうかは，様々な要因に左右されるでしょう。園は，保育者の定着率を高めるためにどうしたらよいのかを労働環境の側面から考える必要があります。そして，一人ひとりの保育者は，実践研究を経験し続けることが自らの保育者としての専門性の向上に必ずつながると信じて，そこに価値を感じてほしいと思います。実践研究は，保育という仕事が専門職であるという自覚と自信をもつことにつながるようにならなければならないでしょう。

　登美丘西こども園も同様の課題を抱えてきました。一度に複数の保育者が退職する年があったり，研究に力を発揮していた保育者がやむを得ない事情で退職したり，

途中で法人内にこども園を新規で開設して実践研究の経験を積んだ保育者のうち半数が新設園に異動するなどして，同じメンバーで継続して実践研究を続けることはできませんでした。しかし，登美丘西こども園ではこうした課題を抱えながらも，実践研究を継続してきました。保育者の労働負担を減らすために実践研究を中止するという選択肢もあったと思うのですが，登美丘西こども園の管理職はその選択肢を選びませんでした。確かに保育者は入れ替わっていくのですが，10 年経った今，登美丘西こども園の文化として環境教育や実践研究が根付いた印象があります。実践研究の歴史の長い公立幼稚園でも，異動で管理職も保育者も入れ替わっていきますが，どの園に勤務しても実践研究をすることが既に文化として根付いています。当たり前のように園の文化として実践研究がなされるようになることは，保育者の入れ替わりへの対策になると考えられます。

登美丘西こども園の先生方に聞いてみました！④

実践研究を続けるなかで，保育者としての成長やご自身の変化を感じますか？

以前は一方的に子どもに話して勝手に自分で納得していたが，今は待つ，見守る，問いかけるようになった。子どもの気づきを聞くことで保育が楽しくなった。

子どもの言葉や発見に敏感になり，それについて子どもと話をするようになった。子どもの思いや考えをじっくり聞くようになった。子どもの発想をとても愛おしく感じるようになった。

いろいろなことに対して見方が変わった。いろいろな角度から考えるようになった気がする。例えば，「今日はいい天気」で終わらさずに，太陽の大切さ，植物にとって必要なもの，気温，水との関係などつながりを探すようになった。

子どもの意見を待って聞けるようになった。エコ活動について意識が薄かったが，家族にも勧めるようになった。

普段の生活で咲いている小さい花や実に目が行ったり，鳥の声に耳を傾けたりするようになった。

大人にとっては無意味に思える行為でも，子どもの一つひとつの動きに意味を見いだせるようになった。

自分の評価を気にして他者の意向に沿うようにしていたが，子どもへのかかわりや次のことに見通しをもつようになった。

0－2歳児が自然と多く関わることで，身体能力も伸び自分の可能性を試している姿を見つけられるようになった。

🐝 保護者の理解

　実践研究は保育者が保育の質を高めるためにするのであり，結果として保育の質が上がれば保護者にとってもよいことであり，実践研究を実施するにあたって保護者はあまり関係がないととらえられるかもしれません。しかし，登美丘西こども園の実践研究の過程では，保護者のことを考える場面が数多くありました。

　実践研究の過程で，新たな保育に取り組み，活動内容も変更していくため，場合によっては保護者に説明する必要がでてきました。例えば，登美丘西こども園では環境教育の実践研究に取り組み始めてから3年目に遠足の行き先を変えました。兄弟姉妹が同じ園に通っている場合，上の子どもと下の子どもの遠足の行き先が違えば，保護者は疑問に思うでしょうし，その疑問が不信につながらないようにするために，通常そうした変更について園は丁寧に保護者に伝えます。また，実践研究の初年度に5歳児が養豚場と精肉店の見学に行くことを取り入れ（第3章参照），その後もこの見学は毎年継続していますが，このような初めての試みをする場合も，その理由を保護者に説明する必要がでてきます。

　保護者の理解を得られるようになると，保護者が協力的になり，園の保育との連携がよくなるということもわかってきました。要領や指針にも保護者との連携が重要であると書かれていますが，子どもの様子を伝えあうことを超える取り組みはなかなか難しいことです。実践研究の5年目に保護者アンケートを実施したとき，登美丘西こども園の管理職は不安を感じながら回答を待っていました。それまで，このような形で園の保育について保護者の声を聞いたことがなかったからです。しかし，アンケート結果はほとんどが好意的な内容でした。今，登美丘西こども園は入園説明会で環境教育に取り組んでいること，実践研究を実施していることを保護者にも伝え，年度末に発刊される毎年の実践報告も保護者に配布しています。保護者も園の活動を理解して，様々な取り組みに協力的で，保育にも役立つサポートをしてくれるようになりました。

2. 今までの保育からの脱却

　登美丘西こども園の実践研究は0歳からの環境教育という誰も取り組んだことのないことをテーマとしていたので，本当に手探りで進んできましたし，今もそうです。しかし，その過程で実践研究に取り組む前の保育と比べて変化したことがたくさんありました。それらは結果として今までの保育からの脱却といえます。小さなことから大きなことまで様々な取り組みがなされてきたのですが，ここではそのうちの5つを紹介します。

🐝 行事のとらえ方

　行事のために保育のすべてが組み立てられ，年間に多数ある行事の連続によって時間が過ぎていくような行事主義，あるいは，大人の目に優れていると映る作品や成果をめざして保育が組み立てられていく作品主義と呼ばれるような保育があります。もちろん，そうした保育者の定めた活動に子どもが取り組んでいくだけの保育のなかでも子どもが楽しんだり，成長したりする姿を見ることはできます。しかし，これらは要領や指針に書かれている保育とは対極にある保育であり，大人の満足度に子どもをあわせていくような保育でもあります。とはいいながら，行事のない園はなく，表現活動の成果物を求めない園もありません。要領や指針にも行事や表現活動は必要なものとして示されています。

みんなのはっぴょうかい

　登美丘西こども園も運動会や生活発表会など，子どもの練習が必要とされる大きな行事のほかにも，お泊まり保育や遠足など，様々な行事が年間計画のなかに取り入れられています。ただし，登美丘西こども園では，実践研究を開始する前からも，大人を満足させるためではなく，子どもが体験を通して様々なことを学ぶ機会としての行事ととらえてきたので，行事に向かって多くの時間を費やすことはなるべくしないように考えていました。しかし，それでも個々の担任保育者からすれば事前準備が必要な行事に向けて何をしようか，どのように準備をしようかと考えることに時間をとられ，また，練習に時間をとることで結果として子どもが主体的に遊ぶ時間を奪っているのではないかという悩みもありました。

　登美丘西こども園の管理職にはもっと行事を減らしませんかという提案をしたこともありましたし，実際にこの実践研究を継続するなかで本当に必要と思われる行事だけになるよう少しずつ年間計画も変わってきています。これは保育課程係（現在のカリキュラムマネジメント係）の仕事でもありました。そして，園としての行事のとらえ方も少しずつ変わってきています。運動会や生活発表会も，何か特別なことができる子どもの姿をみせるための機会ととらえるのではなく，日頃の生活のなかで取り組んできたことを発表する場としてとらえ，ハレの場というものを，そして，日本の教育文化を体験する機会ととらえるようになりました。もちろん，保

育者は，子どもが一定の期間，集団として目標に向かって取り組み，最終的に達成感や充実感を味わうことは意識します。また，保護者の反応は常に気になるところです。しかし，園としての行事に対する考え方を保育者間で共有するようにし，子どもにも保護者にも保育者にも負担が大きくない行事になるようにしています。

🐝 園庭改造

環境教育の実践研究を開始した初年度に，菜園を作り，自然の豊かな場所として整備し，活用してきました。ただ，菜園に行くためには保育者同伴で道路をわたっていかなくてはいけません。環境教育を「EfSの一部を担うもので，持続可能な社会を創るために必要な環境観を育てるもの」（第1章参照）と考えると，自然のとらえ方は最も重要です。まずは，自分にとって身近であること，面白いとか楽しい，気持ちいいというようなプラスの感情や感覚と結びついたものであることを基本に，生物多様性と生態系についての学びを深めてもらわねばなりません。そのためには，子どもが毎日，自由に遊ぶ時間が保障されている園庭の自然を環境教育の観点からもっと豊かに，質のよいものにする必要がありました。実際に，第3章で紹介した子どもの姿は保育者が取りあげた事例のなかから選んだものですが，多くが飼育栽培されている動植物，人に管理されている自然との関わりです。飼育や栽培は人の管理下でなされるため，生物の生活のあり方や変化を簡単に見ることができます。しかし，野菜や花，家畜は野生の動植物ではなく，人間が自分のために改良したものです。したがって，飼育栽培活動のほとんどは，人間の管理下にある，あるいは，人間の手によって改変された自然の体験であって，本来の自然の姿を学ぶ機会にはなっていません。

他園の例ですが，カマキリを飼育ケースに入れ，そこにバッタをエサとして与える事例が報告され，肉食昆虫が草食昆虫を食べる食物連鎖を学ぶ機会だと実践者が説明していたことがありました。カマキリがバッタの捕食者の1つであることは確かに事実なのですが，現実の野生の世界ではバッタには逃げる機会も手段もあり，カマキリが失敗する場面も数多くみられます。カマキリも他の動物から捕食されることもあり，カマキリが食べるのは当然バッタだけではありません。人間の手によって管理された自然物だけから学ぶことは，本来の自然の多様な姿を学ぶ機会を奪うと同時に，自然を単純化してみる姿勢や偏りのある自然観を育ててしまいます。

登美丘西こども園の園庭は子どもの人数の割には狭く，すべての子どもが一度に外に出て活動することは難しい広さです。実践研究を開始した頃は，砂場と固定遊具が1つずつあり，周辺部にはわずかに木々が育っていて，それ以外の部分は真砂土がむき出しのグラウンドでした。雑草はきれいに抜かれ，木々が落とす落ち葉は掃除されてゴミとして出され，身近に観察できる自然の場所としてプラスチックの

ビオトープ造成前の園庭

プランターが並べられていました。保育現場でよく見る光景ですが，こうした園庭で毎日遊ぶ子どもが育てる自然観とは，土は生物の気配がないものが好ましい・落ち葉や雑草は廃棄物で不要なものである・自然は人間が指定したプランターのような場所でのみ許される・人間が支配できる園芸植物だけが存在できるというような自然観です。こうした園庭では生物多様性や生態系の存在や実態，そして，それらに価値があることを学ぶことができません。

　そこで，私は 2015 年度に小さな池と小川という水辺のあるビオトープの造成を提案しました。グラウンドにビオトープを作るという決断は園としては大きなものだと思います。今までしていたことができなくなる，子どもが思いっきり走れなくなる，池の安全性は大丈夫か，管理は大変ではないかなどの不安があって当然です。園長は，それでも，最終的にビオトープ造成を決断しました。そして，保育・教育現場を中心にすばらしいビオトープの施工実績のあるビオトープ施工管理士の指導を受けながら，保育者や子ども，保護者，園の関係者，私が所属する大学の保育者志望の学生たちの手でビオトープを作り，専門家の指導を受けながら維持してきました。ここでいうすばらしいビオトープとは，本来の自然の姿に限りなく近いという意味です。全国で数多くのビオトープが作られていますが，本来の自然に限りなく近いビオトープは少なく，そのようなビオトープを施工管理できる専門家も少ないのが実態です。そして，この本来の自然に近いビオトープを美しいと思うか，汚いと思うかでその人の自然観を測ることができるように思います。子どもには，プランターに並ぶ園芸植物ではなく，本来の自然に近いビオトープを美しい・大事にしたいと思うような自然観をもってもらいたいし，そうでなければ生物多様性を守ろうとする感覚は育ちません。今，ビオトープはすっかり園庭になじみ，まだ育成途中ですが，多くの生物が暮らすようになってくれています。それにあわせて，園庭からなる

ビオトープ造成後の夏の園庭

べくプラスチックを排除するようにし，園庭の雑草はそのままにして小動物の住み
かとなり，落ち葉も雑草も園庭でそのまま循環されるようになりました。夏には多
様な野草が生え，冬には冬枯れの水辺になります。園庭で毎日，毎年，日本の自然
をそのまま見ることができるようになってきました。

保育者はビオトープをどうとらえていたか

　実践研究に取り組んで6年目に登美丘西こども園は，園庭にビオトープの造成を始
めました。ビオトープとは，生命を表す"bio"と場所を表す"topos"という2つの言
葉を組み合わせた造語です。いろいろな定義があるのですが，最も単純なものは「生
物の生息空間」です。その定義に従えば，地球上のあらゆる場所には生物が生息して
いるので，すべてビオトープと呼ぶことができますが，一般には庭園などとは異なる
目的の下で人間が創り出した自然地をビオトープと呼びます。

　登美丘西こども園でビオトープを造成する前に，園の保育者にアンケートをとって
みました。まず，自然というもののイメージを尋ねてみると，保育者にとって自然と
は「山や川，森のような場所」「花や虫などの生物」であり，「自然豊かなところに出
かけて行って体験する自然」か「公園や田畑，庭などの身近な場所で関わる自然」で
した。前者は非日常的な体験の対象としての自然であり，後者は人の手で作られ管理
されている人間のための自然です。これは，現代社会における自然の位置づけそのま
まであり，保育の自然のとらえ方でもあります。

　登美丘西こども園のビオトープは子どもが生態系を日々経験するためのものとして
造成されたのですが，当時の保育者にとってビオトープは「園庭の花壇や畑における
園芸植物栽培の延長」であり，本来のビオトープに求められる「野生の生き物を呼び
戻す場」や「地域の生物多様性に結びついている場」という理解はほとんどありませ
んでした。こうした旧来の自然のとらえ方のままビオトープを造っても，園内にある
保育環境の一部として時々自然体験をする場としてのビオトープ，人間が楽しむため
に，あるいは子どもの育ちのために存在するビオトープとなってしまいます。環境教
育につながるものとして設置されるビオトープは，子どものためのものであると同時
に，「自然への共感」と「生態学的世界観」を育てるものであり，生態系のためのビ
オトープでなければなりません。保育者のビオトープに対する見方が変わり，自然観
が変容していくようになれば，環境教育の実践研究全体がより豊かなものになります。
登美丘西こども園の場合は，ビオトープが目的ではなく，環境教育の実践研究をして
いるなかでのビオトープの造成であったために，保育者の自然のとらえ方を変化させ
ることに役立っている印象があります。

🐝 からふるデー

　2017年の11月から始めたのが「からふるデー」です。この日は，保育者が事前に決めた活動をするのではなく，子どもたちが自分でしたい遊びを，屋内でも園庭でもどちらでしてもよいという日です。私には，いろいろな園の園庭での子どもの遊びをみていて，以前から感じていたことがありました。子どもが園庭に出て行くと，続きをやろうというような目的をもっている場合を除いて，目にとまったところ，気になるところから遊び始めます。公園を訪れた子どもが，まず，遊具に走って行くような感じです。少し遊んだら，別の場所へと移動し，そこで別の遊びをしたりします。特に意味もなく，走り回ったりするのもこの最初のフェーズです。園庭全体での子どもの集団としてみていると，ざわざわとしていて，場所の移動も多く，次から次へと別の遊びに移っていきます。それ自体は，子どもがもっているエネルギーを発散させていたり，いろいろなものに興味をもったり，いろいろな仲間と関わったりというような時間であるので，必要な時間です。子どもが自分で本当にやりたい遊びを見つけ，没頭し，遊び込んでいくのは，そうした時間が過ぎてからのことです。そうなると，子ども集団は何となく落ち着いてきて，多くの子どもがそのときに必要な仲間と一緒に黙々と遊んでいます。子どもが自分のもつあらゆる力を駆使して充実した遊び時間を過ごすのは，まさにそこからだと考えられます。想像力や創造力が発揮されるのもその時間です。それがどのような遊びであるのかは，子どもによっても時期によっても違います。最初のざわざわとした時間が落ち着くまでには早くて30分，通常は60分くらいかかるような印象があります。そこから，子どもの落ち着いたじっくりとした遊び時間が始まるのです。ということは，園庭で遊びましょうと外に出て1時間で屋内に入るなら，充実した遊びが始まるそのとき，あるいは始まったばかりの頃に園庭での遊びを中断することになります。単にざわざわとした時間を園庭で過ごしただけに終わります。

ある日のからふるデー

　そこで，月に1回でよいので，子どもが最低でも90分，できれば120分じっくりと遊び続けられる時間を作ることを提案しました。その提案に応えてつくられたのが「からふるデー」です。この日は，午前中の9時半から11時半頃まで，3歳以上の子どもは園庭でも保育室内でも，どちらで遊んでもかまいません。また，何をしてもかまいません。「からふるデー」は何をしてもよい日ということで，子どもがつけた名前です。保育者は事前に特別な何かを準備したりしませ

ん。いつも通りの保育室であり，いつも通りの園庭です。始めてみると，保育者は子どもの力に驚かされるようになりました。初めの頃は何をして遊んだらよいかわからなかった子どもも，次第に自分で考えて遊びを見つけるようになり，遊び込むことができるようになってきます。そして，それを面白いと子ども自身が思うようになり，「からふるデー」は子どもが楽しみにする日になっています。子どもも自分が行為主体であることを望み，先生が決めた遊びではなく自分が選んだ遊びをしたいと思っているのです。

　子どもが主体的に活動するというのは，本来は，保育者が決めた活動の枠内でだけ主体性を発揮するという意味ではないはずです。保育者は子どもの遊びが充実するような保育環境を意図的に創造し，その環境のなかで子どもが主体的に遊び込むことで，様々な育ちがかなえられるというのが，要領や指針にも示されている保育

登美丘西こども園の先生方に聞いてみました！⑤

実践研究をする前と今とでは，保育は変わりましたか？

自然物を使った絵画や製作が増え，発表会の内容も自然が多く，普段の保育に自然が密着してきていると感じる。

保育者の意識がずいぶんと変わってきている。子どもの発言に耳を傾け，子どもが自分で考えられるような言葉がけを保育者が心がけるようになった。

以前は木の枝を持っていたらすぐに危ないからと手から離させたが，今は，放置。危ないものは事前に子どもの目に触れないところに置く。

1年を通して一貫した保育ができるようになった。

以前は「泥々にならないように気をつけてね」といっていたが，今は，「汚れてもまったくいいよ，気にしないで遊ぼう」といっている。

保育者が自分の意見やポリシーをもって柔軟に保育するようになった。

全体として子どもが落ち着いて遊べるようになってきた。

保育者が一人ひとりの子どもをしっかりとみるようになった。

の姿です。しかし，現実には，保育者が先に活動を決めて，それにあわせて保育環境を構成し，子どもは保育者が決めた活動に主体的に取り組む時間が保育の中心になっているということが多いのではないでしょうか。行事や保育者が決めた活動では，子どもが自分で考えたり，悩んだり，探索したりする幅が狭くなります。子どもの生きる力を育てたいのであれば，子どもが活動そのものを主体的に選択するところから始めなければなりません。「からふるデー」はその取り組みの1つで，保育者の既存の保育観と子ども観をずらす役割もあります。「からふるデー」は翌年度から回数を増やし，月に2，3回は実施するようになっています。

緑育の会

　緑育の会も 2017 年度から開始した取り組みです。2015 年度末に造成を開始したビオトープですが，最初から完成しているわけではなく，専門家の指導を受けながら保育者や子どもの手で少しずつ整備を継続してきました。造成には保護者も関わったため，好意的に受け止める保護者も多く，園庭の変化や継続的な環境整備に関心をもってもらうことにつながりました。また，なぜこうした園庭にしているのかという理由を理解してもらうためには，実際に園庭の整備に関わってもらうことが早いと思われたため，教育・保育現場での経験の豊かなビオトープ施工管理士からのアドバイスもあって，保護者参加型の園庭整備の機会を作ることになったのです。ビオトープの維持管理には終わりがなく，継続していくものです。もちろん，保育者が中心となって進めていくのですが，保護者にも関心をもってもらえたら，保育の理解が深まり，ビオトープの価値にも気づいてもらえるという目的があってのアドバイスでした。年間 2 回，土曜日の午前中に実施することを呼びかけると毎回，いろいろな家族が子どもだけでなく，ときには卒園児を連れて参加してくれます。会での作業は様々です。ビオトープ施工管理の専門家の指導の下，竹垣を作っ

お父さんも園庭整備に加わります

たり，ビオトープの小川にかかる小さな丸太橋を修理したり，竹でおもちゃを作ったり，稲わらからござを作る民具「むしろ機」を作ったり，苗木や新たな雑草を植えたりしました。楽しかったという感想だけではなく，その後の送り迎えのときに作業した場所をどうなったか気にしてみてくれたり，父親や母親が整備したところを子どもが誇らしげに教えてくれたりと，よい効果が表れています。

🐝 環境方針の策定

　実践研究を開始して4年目にすべての保育者が係活動を担当することになり，そのうちの1つにエコ係（現在はエコ・マネジメント係）を作りました。その際に，私が目標としたのは園としての環境方針を作って，その方針のもとで園の管理運営をすることでした。環境教育の実践園をめざすなら，いずれは必要なものです。ただ，これも年数をかけて作り上げ，完成したのは2017年。エコ係が取り組みを始めてから5年目でした。年数はかかっていますが，エコ係になった保育者たちが少しずつ自分たちで調べ，他の保育者の意見を聞き，管理職とも相談しながら，最終的に自分たちで作り上げたものです。2012年に私が東京都と兵庫県の幼稚園や保育所を対象に実施した調査では，園としての環境方針を定めていると回答したのは12％ほどでした。2011年にオーストラリアのクィーンズランド州で同様の調査をした際に定めていると回答した園の割合は51％だったので，調査対象だけの比較ですが日本の保育施設はオーストラリアに比べるとかなり低い割合でした。その当時，クィーンズランド州では保育施設の太陽光発電装置設置の補助を出すなど，州政府として環境教育を推進していた背景もあります。

　実際に保育者たちが作り上げた環境方針は表5-1の通りです。環境方針は，保育内容に関わるところだけではなく，園としての運営のすべてが対象となっています。将来的にはこの環境方針の下に，園が環境に配慮した運営をしているかどうかをチェックしていきます。現在は，環境方針にあげられた項目の下でどのように具体的なチェックができるかをエコマネジメント係の保育者が考えている段階であり，このチェック項目も焦らず年数をかけて作っていくことになります。環境方針の対象となる教育・保育活動は保育者には考えやすいものですが，法人としての管理運営までは個々の保育者に関係がないのではないかと思われるかもしれません。しかし，方針には「法人の事業活動による環境への影響を認識し，すべての事業について環境負荷の削減に努めます」という項目があり，これは，一人ひとりの保育者の活動にも関係してきます。例えば，保育の活動中の電気や水の使い方，どのような教材や素材を選ぶのかも通常は保育者が決めています。保育の製作活動には様々な素材が使われますが，環境方針があれば，それらの環境負荷についても考えて選択しているかが問われることになります。例えば，登美丘西こども園ではマカロニを製作の素材として使っていた時期もありましたが，今では食べ物を製作に使うことはしていません。食べ物は，食べることを目的に，多くの人の労働を経て，他の命あるものから作られています。マカロニならコムギの命です。また，世界中には飢餓で命を失う子どもがたくさんいるにもかかわらず，全世界で3割の食べ物が廃棄されているというフードロスも大きな課題となっています。マカロニ1つであってもシャドウ・プロセスを考えると，様々なことがみえてくるのです。こうしたこと

をふまえ，保育の活動として食べ物を使わなければできないほど重要な表現活動かどうか，持続可能な社会を創ることにつながる活動かどうか考えたときに，登美丘西こども園は食べ物を製作活動の素材として使わない判断をしました。

　環境問題は複雑すぎて，1つの正しい答えは存在しません。食べ物は他の生物の命を奪っているものだとしましたが，それでは，紙はどうでしょう。紙も木材から作られているので，もともとは他の生物の命を奪ったものです。では，再生紙ならよいのか，使わない選択は無理だけれども，減らすことは可能かもしれないなどと，考えていくことができます。同じく製作の素材として使い捨て製品である紙コップや紙皿がよく使われますが，これらは通常の紙と違ってプラスチックでコーティングされています。防水加工されているため，リサイクルの対象にもなりません。製

表 5-1　登美丘西こども園の環境方針

環境方針
　地球を取り巻く様々な環境問題に対して，事業者は自主的かつ積極的に環境保全に関する取り組みを行う必要があります。地球環境保全のため，当法人は次のとおり環境方針を定めます。

Ⅰ．基本理念
　社会福祉法人堺ひかり会は，環境問題が地球的規模の広がりをもち，次世代以降に及ぶ長期的な問題であることを認識し，法人の活動全体が環境保全につながるように意識し，園児の健全な育成をするなかで「自然が大好き，大切にしたい」「命のつながりを知る」ことを目標とする持続可能性のための教育・保育を行い，将来，持続可能な社会の担い手となる人を育てます。

Ⅱ．基本方針
以下の方針に従い，基本理念の実現に努めます。
　1．法人の管理運営
　　・法人の事業活動による環境への影響を認識し，すべての事業について環境負荷の削減に努めます。
　　・職員の環境配慮活動への関心を高め，保育教諭の持続可能性のための教育・保育の実践力を高めるための研修を継続的に実施します。
　　・環境方針に基づいた事業活動を行い，評価・改善を継続します。
　2．教育・保育活動
　　・子どもが日常的継続的に自然と触れあい，自然のなかで動植物とともに過ごしながら，生態系やつながり（生物と環境・生物と生物・人間の生活と環境など）を学べるようにします。
　　・子どもが生態系やつながりを学べるような環境（園庭の自然，菜園，絵本，屋内環境など）を構成します。
　　・将来，主体的に問題を解決して環境保全する担い手となれるよう，子どもが主体的に活動（エコ活動など）に参画し，自分自身で問題解決ができる教育・保育を実施します。
　3．地域社会との連携
　　・保護者や地域の方々に法人の取り組みを発信し，連携して持続可能性のための教育・保育を実践します。
　　・法人の保育を広く発信し，持続可能性のための教育・保育の普及に努めます。

作をするのに，あえてリサイクル可能な再生資源である通常の紙ではなく，非再生資源でコーティングされている紙コップや紙皿を使わなければ，子どもの表現の育ちはかなえられないのでしょうか。また，使い捨て製品の使い方は，子どもにそれらに対する価値観を伝えていくことにもつながります。保育施設における環境方針は，こうした保育のなかの多様な活動が持続可能な社会の形成にどう関係しているのかに保育者が気づくためのツールとなるものなのです。環境教育は持続可能な社会を創るための環境観を育てるものですから，子どもが関わる環境要素の内容とそれらとの関わり方がその子どもの環境観形成に影響することを常に保育者が意識する必要があります。

　第1章で述べたように，そもそも生物という存在は，人間も含め，環境に影響を与え，環境から影響を受ける存在です。その意味で，環境負荷を与えない生活はありえず，自分の生存の維持と快適さを追い求めるのも生物の宿命です。また，人間は命を大切にといいながら，一方で，他の生物の命を奪わなければ生きていけない矛盾を抱えた存在なのです。複雑で，矛盾を抱えたことを前提としながらも，その場その場でどちらの選択がよいのかを考え，行動していくことを繰り返し，少しずつ持続可能な社会の方向へと舵を切っていきます。多くの人がそのようになったとき，ようやく社会は持続可能性を求めて動き始めるのでしょう。

3. 幼児期の環境教育実践のこれから

　第1章で幼児期の環境教育は，持続可能な社会を創るための環境観を育てることだとしましたが，登美丘西こども園の実践研究は，幼児期の環境教育が何なのか，実践の当事者である保育者たちがわからないまま始まりました。しかし，今では，環境教育の実践研究が園の文化として根付き，環境教育を実践していることが園の特色となっています。今後もこの実践研究は進んでいきます。それでは，幼児期の環境教育実践は，これからどのような方向をめざしていくのでしょうか。

幼児期の環境教育・EfS を進める4つの視点

　環境教育は持続可能な社会に向けて環境観を育てることであり，私たちを取り巻く世界，すなわち，環境を「自然を基盤にして私たち人間とその生活が常に結びついて成り立っているもの」ととらえる必要があるとしました（第1章参照）。自分を取り巻く環境を「自然や社会などが関わりをもつ対象として静かに並んでいるだけの世界」ととらえるのではなく，「自然を軸に私たちの生活のなかのすべてのものが動的に関わりあっている世界」ととらえます。そのような環境観を育てる実践がEfS

に欠かせません。そこで，幼児期の EfS を考えていくためのキー概念として，私は「自然への共感（empathy with nature）」「生態学的世界観（ecological worldview）」「批判的思考（critical thinking）」「子どもの参画（children's active participation）」の4つをあげてみました。

　このうち，「自然への共感」と「生態学的世界観」は，登美丘西こども園の実践研究が，まず，めざしてきたことでもあります。通常0歳児から自然の要素に共感したり，幼児が生態学的な見方で自然の姿をとらえたりすることはないと思われています。しかし，登美丘西こども園の実践研究で明らかになったことをふまえれば，そうした見方が間違っていることがわかります。登美丘西こども園では0歳から小動物の飼育をして，植物栽培に関わり，生物の存在と自分たちとの類似性に気づく経験を繰り返しています。ビオトープができてからは，それに加えて野外の生物との関わりも増えてきました。私たちヒトは生まれながらにもっているものがたくさんあることがわかってきましたが，共感性もその1つで，生まれながらに共感する基盤と志向をもっており，誕生後にそれが発達していくのであれば，それらの育ちにつながる0歳児からの経験がいかに重要であるかがわかります。

　そして，「生態学的世界観」は自然が多様な生物の存在によって成り立ち，生物同士も生物以外の要素ともダイナミックに相互に関係しあっていることを知ると同時に，自分も自分の生活もそこに深く関わっていることへの気づきを繰り返しながら作られていきます。登美丘西こども園で毎日遊ぶ園庭にビオトープを造成したのはその気づきをうながすためです。保育で自然との関わりというと飼育栽培が定番ですが，人間が管理する飼育栽培体験や年に1度の豊かな自然地への遠足では，生態系の学びはできません。小さくとも生態系の存在するところで毎日遊び，気づきを蓄積していくことで，生態系の存在とその本質の学びにつながります。一方，生態系のあるビオトープで遊ぶだけでは環境教育にはなりません。毎日，生態系のある場所で遊びながら，同時に，人間の管理下にある飼育栽培活動と自分の生活を結びつける経験を繰り返していくことで「生態学的世界観」がゆっくりと少しずつ形成されていきます。人間の営む社会や経済が常に自然と関係があり，多様なシャドウ・プロセスがあることを経験していく必要があるのです。0歳児から経験を蓄積していくことで，徐々に幼児なりに「自然への共感」「生態学的世界観」の基盤が育っていきます。しかも，それは具体的な体験を通して育つものですから，与えられた知識ではなく，自らの身体を通して感覚と感情を使って得るものであり，その子どもの核となる部分に染みこんでいます。だから，小学校に入っても自然が好きとか食べ物を大切にすると多くの保護者が報告してくれるのです。小学校に入ってから机上で学んでも育ち得ない大切な部分といえるのではないでしょうか。「生態学的世界観」は，単に自然と関われば形成されるものではないということを意識しておく必要があります。ビオトープのような生態系のある豊かな自然と関わることは，

前近代の人々の生活にはごくありふれたものでした。豊かな自然と関わるだけで「自然への共感」「生態学的世界観」が育つのであれば，現在のような持続不可能な社会へと人間はあゆんでこなかったはずです。環境教育としては自然と関わることを超えた取り組みが必要なのです。

　あとの2つ，「批判的思考」と「子どもの参画」は近年の幼児教育のなかでよく指摘されるようになってきたものです。

　批判的思考というと，何もかもを批判的にみなくてはならないのかと思う人もいるかもしれません。特に日本では批判的にみるというと，マイナスイメージをもたれてしまうのではないでしょうか。一般に使われる「批判的」という日本語が，うまく意味を表していないのかもしれませんが，批判的思考の前半部分"critical"という英語は「判断する」という意味のラテン語が語源でもあり，本来はプラスイメージでとらえるべきものです。長い西洋哲学の歴史の上に誕生したものであり，人間の思考プロセスと質をより深くとらえるためのものです。批判的思考とは自分の信念や行動の基盤として，観察や経験，反省，理由づけ，対話などを通して集めた情報をうまく使って考えたり，分析したり，適用したりする思考のプロセスを意味しています。例えば，現在はインターネットを介して様々な情報を簡単に入手でき，他者の様々な考えに出会います。そこには根拠のない言説や偽りの情報もたくさん含まれています。そして，サイバー空間にあるすべての情報を詳細にみることはできないので，そのなかで自分が既にもっている考えと似たものに同意し，関連する追加情報を受け入れ，異なる考えはそもそも入手しないか，出会っても否定します。こうしたことは，日常的に当たり前のようになされています。しかし，そこには観察も，経験も，反省も，対話もありません。何となく考えているのですが，それは批判的思考ではないのです。一方，0歳児でも自分を取り巻く世界を観察しています。また，自分のいる環境のなかで様々な経験をしています。言葉を使うことはないのですが，自分のことをよく考えてくれている大人とやりとりをします。登美丘西こども園の0歳児を担当した保育者たちの，今はわからないかもしれないけれど伝えるとか，子どもの反応をみて，それを言葉にして共感を示すようにしているのが，対話と呼べるのではないでしょうか。子どもは自分の経験が蓄積するなかで過去の経験を通して得た気づきを常に修正していくので，豊かな環境を創造し，それと豊かに関わる機会を生み出し，価値観を伝えていく大人がそばにいる必要があります。言葉が使えるようになると，そのスキルはさらにあがっていきます。誕生後から子どもが発達させていく思考は，条件さえ整えば，批判的思考になりえるのです。とすると，子どもに批判的思考につながる育ちの機会を与えるのも奪うのも大人ということになるでしょう。

　子どもの参画も，近年教育分野においてよく取りあげられるようになったものですが，きっかけは1989年の子どもの権利条約（児童の権利に関する条約）の採択

です。子どもの権利条約は大きく分けて 3 つの P，供与（Provision）・保護（Protection）・参画（Participation）から成り立っているといわれています。このうち，生存の権利や教育を受ける権利は供与にあたり，生きる権利・育つ権利と言い換えられることもあります。差別や虐待，戦争から守られる権利は保護にあたります。そして，子どもも市民の 1 人として，様々なことに意見を表明し，行動する権利があるとするのが参画にあたります。この条約に，参画の権利を加えたことは子どもの権利を考える上で画期的であったといわれています。子どもは守られる存在としてあると同時に，1 人の市民として社会の運営に参画する権利がある存在として認められたことは，教育という営みにも，その子ども観や教育方法を考え直させる大きな転換点となりました。

　日本の保育者も子どもの権利条約を意識し，供与と保護についてはよく対応しているのではないでしょうか。しかし，世界の保育をみていると，幼児であっても与えられ，守られるだけではなく，意見を表明し，行動する市民としてみなす取り組みがでてきています。これは，子どもの権利条約によって広まりつつある新しい子ども観に基づいた取り組みです。持続可能な社会をめざす環境教育の観点から考えれば，幼児であっても，環境問題などの様々な問題があることを知る権利があり，それに対して反対する権利があり，解決に向けて意見を表明する権利があり，行動する権利があるとみなさなければならないということになります。長い間，日本でも幼児期の環境教育について，幼児に環境問題について教えるのは早い，自然体験をしていればよいといわれてきました。しかし，子どもの権利から考えると，そうした見方自体に問題があるといえそうです。実際に，幼児期の EfS に意識して取り組んでいるオーストラリアの保育現場で私が出会った保育者たちは，異なる地区の異なる園にいながらも，口をそろえて，幼児期には EfS ができないという保育者は幼児を "underestimate" していると話してくれました。過小評価している，能力を低くみているというような意味になるでしょうか。つまり，そのように幼児をとらえているから幼児期に EfS ができないととらえてしまうのだということです。

 column④

幼児期における
持続可能性のための教育（EfS）の国際的動向

　UNESCO などの国連関係機関は 1970 年代に誕生した環境教育も，遅れて誕生した ESD も，「幼児期から」生涯にわたってあらゆる教育の場で実施されるべきだと示してきました。しかし，幼児期を対象とした研究が開始したのは 1990 年代以降のことです。まず，幼児期の環境教育研究は 1990 年代前半にアメリカのウィルソン（Wilson, R.）が精力的に進め，1990 年代後半にはオーストラリアに中心が移り，デイヴィス（Davis, J.）やエリオット（Elliott, S.）らが主導的役割を果たしてきました。オーストラリアは 2009 年以降，国として公式に EfS を採用したので，幼児期の環境

教育に関しても幼児期の EfS として研究が進展しています。

　幼児教育の国家指針に環境教育や ESD，EfS を具体化する国も増えています。例えば，スウェーデンは 1998 年に就学前教育カリキュラム "Lpfö 98" を示し，「環境問題や自然保護を重視」したり「自分自身が自然の循環システムの一部だと理解させる」必要性などを記し，改訂された現在の "Lpfö 18" では ESD を明記しました。ノルウェーやオーストラリア，ニュージーランドの幼児教育基準にも EfS と読める内容が明記されていますし，韓国でも幼児教育のナショナルカリキュラムであるヌリ課程（2012-13）の指導書には，環境に配慮できる地球市民を "Green Growth Education" を通して育てる必要性が記され，そのための教員研修プログラムの開発が進められました。

　こうした動きにあわせ，それまで幼児期の環境教育に関心を示してこなかった保育者や保育学研究者らが ESD や EfS に取り組み始め，保育関係団体なども同様の動きを見せるようになってきました。例えば，UNESCO は 2008 年に幼児期の EfS についての冊子を発行し，世界幼児教育機構（OMEP）は ESD の研究プロジェクトを立ち上げたり，年大会テーマにあげたりし，保育における ESD の評価スケールを作成して HP にあげています。オーストラリアの保育学会にあたる Early Childhood Australia は既に 2000 年代から環境教育を特別支援教育などと同列にみなして保育における重要課題としてきましたが，オーストラリア史上初の幼児教育の国家基準（2009）に EfS が明示されて以降，大会テーマにあげたり，企画シンポジウムを開いたり，実践者向け会誌に記事を連載するなど，実践者や研究者に向けた啓発を精力的に進めています。このように幼児期の環境教育研究が開始した 1990 年代と比較すると，海外では幼児期の EfS，あるいは，ESD として新たな展開がみられ，研究や実践に取り組む人たちが増えてきているのです。

すべてがそろう必要がある

　私が上にあげた幼児期の EfS を考えていくためのキー概念「自然への共感」「生態学的世界観」「批判的思考」「子どもの参画」は，今までの環境教育研究のなかで繰り返し指摘されてきたことで，新しいものではありません。しかし，重要なことは，これらは常に一緒に語られるべきだということです。どれか 1 つだけに焦点をあてるだけでは環境教育のめざす姿は育ちません。

　自然が好きで自然の要素に共感をもつことができても生態学的な見方で自然をみることができなければ，自分の生活と自然を切り離して考える，ただ，自然が好きなだけの人です。「生態学的世界観」は，生態系という観点から自然をとらえるので，自然が好き・自然は美しい・自然は必要というような見方で終わりません。自然は自分を取り巻く環境と自分も含めたすべてであり，そのなかのすべてはつながっていて，自分の生活のすべてを地球の生物圏とそれを支えるシステムという観点からとらえます。自然観ではなく，世界観としているのは，自分と世界との関わり方を

含むからです。経済と社会が何より重要で，自然はその外にあるという見方で世界と関わるのではなく，生態学的な見方で世界と関わらなければ持続可能な社会の形成はできないからです。これは，ただ感性的に自然を好意的にみるということを超えて，想像力をもって自然をみることができるのかということであり，自然にどのような価値を認めるのか，その内容が問われます。例えば，遠い国の野生生物の行く末を自分自身に関係のある問題としてとらえられるのかどうかということです。ホッキョクグマやゾウの絶滅はその動物たちに共感して心は痛むけれども，優先すべき自分の生活には関係がない，あるいは，経済成長のためには仕方がないという見方をするなら，それは生態学的世界観に基づいていません。生態系という観点からとらえると，他の野生生物（しかも，人間と同じ哺乳類）の絶滅は，その野生生物を取り巻く環境の劣化が大きいことを意味しています。それが，北極でもアジアでもアフリカでも進行しているということは，地球規模で哺乳類を取り巻く環境が劣化していることを示しています。心ある人間として絶滅していく野生生物に共感するだけではなく，自分の日々の行動がその事象にどう具体的に影響しているのか，また，人間と同じ哺乳類が直面しているその事象が将来的にどのような結果をもたらすのかを同じ地球の生態系の一員として想像できてこそ，他国の生態系や野生生物の維持も，人間社会や経済の持続可能性，そして，未来の人間の生存にとって必要なのだとみなすことができるようになります。

　そして，自然に共感でき，生態学的世界観に基づいて環境や自分をとらえることができたとしても，EfS としては具体的な行動に結びつかなければなりません。「批判的思考」で自分を取り巻く環境にある現象や自分の立ち位置を分析し，何が必要かを考え，自ら「参画」していくことが次の段階です。地球環境問題は地球に現在ある様々な自然のシステムのほころびのようなものです。人間も含め現在の生物圏は，大気や海，土壌などの生物圏以外のサブシステムが生物にとってよい状態で維持されていることを前提に存在しています。しかし，人間が起こしている環境問題は，そのサブシステムを少しずつ変化させているので，放置すればどこかでシステム崩壊が起こります。1 つのシステムだけが崩壊することはなく，すべてのシステムが影響を受けます。生物圏にとっては生存を脅かす「崩壊」と表現できるのですが，地球全体としてみると過去にもあったような，ただのシステムの変化にすぎません。自然とはそのようなものなのです。しかし，人間の営む自然科学ですらそうしたシステムの実態や未来について，ほとんど知識をもっていません。ある生物が絶滅したとか，記録破りの気温が続いているとか，氷河がなくなったというような個々の事象は実態として把握でき，その理由や結果について科学的に分析し，推測し，語ることは可能です。しかし，サブシステムの全体像やサブシステム間の関係などはわかっていないのです。こうした誰も知らない，誰も教えてくれない，誰も予想できない世界で，少しでも人間の暮らす環境の劣化を止めたり，遅くしたりす

図 5-1　EfS を進めるための 4 つの概念

るためには,「批判的思考」に基づく「参画」が必要です。誰も答えを与えてくれず,どの考えが信頼に足るかどうかもわからないなかで, 自分で批判的に思考して, 自分の世界観を修正し,「参画」していかざるをえないのですが, その際の基盤となる世界観は「生態学的世界観」と呼べるものでなければ, 持続可能な社会に向かうことはできないでしょう。「批判的思考」とは「観察や経験, 反省, 理由づけ, 対話などを通して集めた情報をうまく使って考えたり, 分析したり, 適用したりする思考のプロセス」を意味しているとしましたが, 何を観察するか, 何の情報を集めるかは, その当事者が既にもつ世界観に基づきます。関心がなければ,「批判的思考」や「参画」する力があっても, 持続可能な社会の形成には役立たないでしょう。環境を保全するためにも経済成長が必要だと「批判的思考」で判断し, 自然を資源として食い尽くす活動に主体的に「参画」している経済人はたくさんいます。実際に経済界で成功している人たちは, 自分たちの実践に対して「批判的思考」を駆使して対応し, 主体的に経済活動に「参画」しているため, 環境方針や環境認証をとった方が経済活動に有利だと判断すると, ためらいなくそれらを取り入れていきます。オーストラリアの生態学者クレブス (Krebs, C.) は, こうした世界観を「経済学的世界観」と呼び,「生態学的世界観」と対立するものととらえています。私は「自然への共感」「生態学的世界観」「批判的思考」「子どもの参画」の全部がそろわなければ EfS の実践とならないと考えています。

　いつからか私は登美丘西こども園向けの年度初めの確認事項に, この 4 つを含む図を加えるようになりました (図 5-1)。この 4 つの考え方について私が先生方に詳しく説明をすることはないのですが, 何となく意識してほしいものとしてあげています。この図は下から「自然への共感」「生態学的世界観」「批判的思考」「子どもの参画」の順に積み上げてあります。「自然への共感」「生態学的世界観」という土台の上に,「批判的思考」「子どもの参画」があるというイメージです。また, 低年齢児ほど「自然への共感」を意識し, 次第に「生態学的世界観」が形成され,「批判的思考」ができるようになり, 就学前には「子どもの参画」がみられるようになるというイメージもあります。

登美丘西こども園の実践研究のこれから

　登美丘西こども園の実践研究では主として「自然への共感」と「生態学的世界観」に焦点をあてて環境教育の実践とは何かを探ってきました。とはいいながら，「批判的思考」と「子どもの参画」についても考えなかったわけではありません。子どもの主体性を育むことを保育者たちは心がけてきたので，様々な場面で子ども自身が考える機会を作っています。批判的思考と呼べるような子どもの姿は既にみられます。とはいえ，環境教育の観点からみた「批判的思考」と「子どもの参画」と呼べる事例はまだあがってきません。保育者が気づいていないだけで，「自然への共感」と「生態学的世界観」の幼児期なりの育ちが当たり前のようになり，子どもの主体的な学びを援助し続けたとき，「批判的思考」と「子どもの参画」がみえてくるのかもしれません。登美丘西こども園の実践研究は幼児期の環境教育が０歳から実践可能であることを明らかにしてきました。どのように可能なのか，どうすればもっと深まっていくのかをこれからも追究していくことになるでしょう。

　実践研究を継続していくと，様々な理由から既存の保育を見直していく必要がでてきますが，今まで継続してきた保育を変えることは簡単ではありません。実践研究は日頃行っている保育に追加される仕事です。いろいろな課題があるものの，登美丘西こども園の実践研究は管理職たちのチャレンジ精神と担任保育者たちの努力によって継続してきました。通常，実践研究は１つのテーマを定めたら１，２年が研究期間であることが多いようです。その期間中，保育者は熱心にその研究テーマに取り組みますが，研究期間が終われば，また，次のテーマに移っていきます。実践研究の１つの形ですが，このように様々なテーマに取り組むことは，保育の様々な側面に対して広い知識とセンスをもつ保育者を育てるという面では効果があるようです。保育の質を高めていくための実践研究であるなら，役割を果たしているのかもしれません。しかし，どのような実践が望ましいのか，先行モデルもない新たな教育課題に取り組む実践研究の場合，数年でその答えがでることはありません。その意味で，登美丘西こども園が乳幼児期からの環境教育という，誰も取り組んだことがない難しいテーマでの実践研究に取り組んできたのは，ほかに例を探すことができない特殊な取り組みでした。まだ誰もが取り組んだことのないテーマで実践研究に取り組むことは，保育の質を高めていくと同時に，実践モデルを切り拓くという誰もあゆんだことがない道をあゆむことでもあるのです。現在，登美丘西こども園の実践研究は世界の幼児期の EfS 実践のトップランナーと呼んでもよい蓄積をもっています。当事者である保育者たちは，未だ，これでいいのかよくわからないという感覚で悩みながら試行錯誤を続けており，これからも同じような時間が続いていくはずですが，園の文化となった実践研究は，園がその意義を認めている間は継続していき，環境教育としての実践はより深いものになっていくことでしょう。

column⑤

幼児期の環境教育は
日本の要領や指針には取りあげられていない？

　日本における保育のガイドラインは『幼稚園教育要領』『幼保連携型認定こども園教育・保育要領』『保育所保育指針』の３種類であり，その内容は整合性が取られ，子どもがどの保育の場に在籍しても同じ教育を受けられるようになっています。これらの要領・指針の本文，あるいは，解説書（指導書）に環境教育やEfS，ESDという言葉が使われたことは今までも，現在もありません。海外の様子（P.128のコラム④）に比べると日本は幼児期の環境教育への関心が薄いのがわかります。

　しかし，21世紀に入って日本でもいろいろな動きがあり，少しずつ変化しています。まず，2006年の『教育基本法』改正では，教育の目標にそれまでなかった「生命を尊び，自然を大切にし，環境の保全に寄与する態度を養うこと」（第2条）が追記されました。教育基本法は学校教育だけではなく家庭教育や社会教育も含めたあらゆる教育という営みの基本となる法律です。当然，どの保育現場もこの目標を意識しなければなりません。また，2003年に制定された『環境の保全のための意欲の増進及び環境教育の推進に関する法律』は2011年に『環境教育等による環境保全の取組の促進に関する法律』として改正されましたし，2005年から2014年の10年間は「国連持続可能な開発のための教育の10年（DESD）」として国内でも啓発活動がなされました。これらの動きはすべて幼児期も対象に含めています。また，『環境教育指導資料』も2014年の改訂で幼稚園を対象に加えました。このように背景としては，幼児期からの環境教育が求められるようになっているのです。

　そして，2017年，日本の保育史上初めて，幼児期の環境教育，そして，EfSの必要性と読み取れる文章がわずかに『幼稚園教育要領』に記載されることになったのです。この要領ではそれまでになかった「前文」が加えられたのですが，そこに「持続可能な社会の創り手となることができるようにするための基礎を培うこと」と記述されました。これらのことから，日本でも法律や要領は幼児期においても環境保全や持続可能な社会の形成を意識すべきだとみなすようになってきたことがわかります。ただし，その具体的なあり方は要領本文にも解説書にも記載されていません。『環境教育指導資料』にあるように幼児期には身近な環境としっかり関わっておけば十分ととらえられているからでしょう。しかし，2017年の改訂は大きな改革であり，学校教育のすべてにおいて，これからの予測困難な時代を生きていくための，未来の社会を切り拓く力を育てることが重要だと示されました。予測困難なことを考える例として，将来，どのような環境変化が起こるか，それにより社会がどのような影響を受けるのか，生態系が崩壊しないように何ができるのかなど，簡単に答えを得られない問いをあげることができるでしょう。つまり，今まで通りの世界の見方に基づいて今まで通りの教育を続けるのではなく，子どもが未来の社会を自分で切り拓く力を育てるための教育をしなければならなくなったのです。

　環境教育の観点からみると，「幼児期の終わりまでに育ってほしい10の姿」の1つとしてあげられた「自然との関わり・生命尊重」を考える際にも，未来の社会を切

り拓く力を育てることをふまえるならば，飼育栽培のような今まで通りの自然との関わりだけでは不十分であることは確かでしょう。同じ「生命尊重」という言葉でも，保育実践の内容を考え直さなければならない時代になったのです。生命は生態系のなかでしか存在できず，生態系が尊重されてこそ生命は尊重されるのですから。では，どうすればよいのか，本書の実践はそれを探究する取り組みなのです。

幼児期の環境教育のこれから

　環境教育は歴史の浅い教育課題であり，その必要性について世界中で共通認識され，環境教育研究において実践がどうあるべきかという提案が数多くなされていても，具体的な実践は未だ試行錯誤でなされています。環境教育が求めるのは長期的な行動変容であって，環境教育実践の効果を確認することは容易ではありません。とはいいながら，世界で環境教育が必要だと認知された 1970 年代から今までを振り返ると，その間，環境の劣化は進む一方で，このまま進めばこうなると予測されていたことが，いよいよ現実味を帯びてきています。こうした世界の現実をみると，環境教育の今までの取り組みはうまくいかなかったとみなせるのではないでしょうか。また，今までの教育を受けてきた人が現在の社会を創ってきたのですから，既存の教育は結果として持続不可能な社会を形成する人を育ててきたのであり，持続可能な社会を形成することに効力をもたなかったということになるでしょう。環境教育や ESD，EfS が既存の教育において常に周辺課題であり続けたこともそれを示しています。総体としての教育も，環境教育も，EfS も，人間の活動によって加速度的に劣化していく環境のなかで，今までの教育のとらえ方，子どものとらえ方，世界のとらえ方では対応できないことに気づき，新たな枠組みを早急に生み出していかねばならないのです。というより，本来は教育全体が持続可能な社会をめざす教育，すなわち，EfS にならなくてはならないのではないでしょうか。教育実践のすべてが環境観を形成していく過程でもあるのですから，教育のあらゆる場面に環境教育のエッセンスがなければなりません。そうでなければ，持続可能な社会の形成はできないでしょう。これは，教育のパラダイム（とらえ方の枠組み）転換を必要とする大きな変革が求められていることを意味します。現在の人間を取り巻く環境は，何もしなければこのようなことが起こると 20 世紀末に自然科学が予測した通りの実態になってきています。人間が地球のサブシステムを変化させていることが明確にみえるようになってきました。そして，現在，様々な分野の自然科学者がこのまま進めば現在の生態系はいずれ崩壊すると予測しています。その予測通りの未来に向かって今まで通りの価値観に基づいた教育を漫然と繰り返しながらあゆみ続けるのか，それとも，「持続可能な社会」をめざして舵を切り，それに照準をあわせた新たな教育実践を模索していくのかを選択するのは教育実践の当事者です。

目の前の子どもの育ちを考えると同時に，その子どもが生きる未来についても批判的に考え，今，行動していくことが保育者に求められるのではないでしょうか。

登美丘西こども園の先生方に聞いてみました！⑥

幼児期の環境教育について，思っていることを教えてください

幼児期ほど環境教育は必要。人間形成の土台となる幼児期にこそ，たくさんの経験を経て，命のつながりやリサイクルに興味・関心をもつことでどのようなことが環境破壊につながるのかを将来少しでも考えられる人に成長していくのだろうと思う。

これから大人になって社会に出ていく子どもたちにとって，環境教育は絶対に必要です。世界中のすべての園や学校で環境教育をしてもらいたい。「持続可能な社会」をめざす大人になってもらいたいです。

子どもたち全員の心に響くのは難しいと思っているが，小さい頃の体験は心のどこかに残っているので，どこかのタイミングで表れたらよいなと思う。

幼児期にしか経験できない小さなことの積み重ねが未来につながっていく。とても大きな大きなことにつながる。一日一日を大切に過ごして積み重ねることの量が少しでも多くなるように子どもたちとかかわりたいと思う。

自然環境という点では子どもが体験を通して心が成長できるためのよい生活環境が園にはある。環境問題を伝えることは難しいが，少しずつ自分たちが行っていることが将来の地球にとってとても大切なことだということを幼少期から伝えていくことはとても大切。

難しい内容だが，自分自身がその大切さを感じ，少しでも子どもたちに伝えていきたい。

初めの頃は研修などで他園の保育者に「0歳からの環境教育」をしていますと話しても「へぇ‥」という感じだったが，年々「へぇ！いいですね〜」と言われるようになり，内心「すごいでしょ！　いいでしょう！」と思っている。鼓笛や絵画に力を入れるより，環境教育の方が子どものためには絶対によい！

環境教育はこれからの地球にとって必要なことで，これから生きていく子どもたちが考えていかなければならない問題である。一人ひとりが，持続可能な社会を創るためにできることを考える人に育てていくことは大切だと思う。そこに携わっていけることを誇りに思う。

環境教育というと「教育＝教える」と思いがちだが，気づく子どもを増やすということ。誰かがやればよいのではなく，一人ひとりがやって積み上げていくもので，その意識が身についた子どもが1人でも多く育つようにと思う。

文　献

　この本では，本文中に論文などの参考文献を記載していません。第1章と第3章は，下記
の私の本や論文が下地となっており，文献はそこにあげています。さらに調べてみたいとい
う方は，下記で見てください。また，幼児期の環境教育・持続可能性のための教育について
学びたい方は下記の洋書3冊は欠かせない基礎文献です。

- Inoue, M. (2018). Fostering an Ecological Worldview in Children: Rethinking Children and Nature in Early Childhood Education from a Japanese Perspective. In A. Cutter-Mackenzie-Knowles., K. Malone., & E. Barratt Hacking. (Eds.), *Research Handbook on Childhoodnature Assemblages of Childhood and Nature Research* (pp.1-31 online). Berlin Heidelberg New York: Springer.
- Inoue, M. (2014). Perspectives on early childhood environmental education in Japan: Rethinking for building a sustainable society. In J. Davis & S. Elliott (Eds.), *Research in early childhood education for sustainability: International perspectives and provocations* (pp.79–96). Oxon, UK: Routledge.
- Inoue, M. (2014). Beyond traditional nature-based activities to education for sustainability: A case study from Japan. In J. Davis (Ed.), *Young children and the environment: Early education for sustainability* (pp.266–277). London, UK: Cambridge University Press.
- 井上美智子（2012）．幼児期からの環境教育―持続可能な社会にむけて環境観を育てる―　昭和堂

　その他，解説されている内容に関連する下記の本をリストしておきます。

- スパークス，L.（1989）．ななめから見ない保育―アメリカの人権カリキュラム人権と保育―（訳／玉置哲淳・大倉三代子，1994　解放出版社）
- ハロウェイ，S. D.（2000）．ヨウチエン―日本の幼児教育，その多様性と変化（訳／高橋　登・南　雅彦・砂上史子，2004　北大路書房）
- ホフマン，M. L.（2000）．共感と道徳性の発達心理学―思いやりと正義とのかかわりで（訳／菊池章夫・二宮克美，2001　川島書店）
- 鯨岡　峻（2005）．エピソード記述入門―実践と質的研究のために―　東京大学出版会
- 松井孝典（2007）．地球システムの崩壊　新潮社
- Krebs, C. (2008). *The ecological worldview*. Oakland, CA: University of California Press.
- Taguma, M., Litjens, I. & Makowiecki, K. (2012). *Quality Matters in Early Childhood Education and Care: Japan*. OECD publications.
- コルバート，E.（2014）．6度目の大絶滅（訳／鍛原多惠子，2015　NHK出版）
- 国立教育政策研究所教育課程研究センター（2014）．環境教育指導資料［幼稚園・小学校編］　東洋館出版社
- Smith, A. B. (2016). *Children's Rights: Towards Social Justice*. NY: Momentum Press.

　なお，第2章の登美丘西こども園の実践は，私の所属する大阪大谷大学の『幼児教育実践
研究センター紀要』に「子どもと自然・命のつながりを知る保育実践のあり方を探る」とい
うタイトルで報告されています。2011年発行の第1巻から毎年報告を掲載しており，2018年
度からは機関リポジトリで公開されているので，WEB上でもみることができます。

実践研究 10 年のあゆみ

登美丘西こども園　元園長

大仲 美智子

取り組み始めたとき

　2010 年に実践研究の取り組みを始める前に思っていたことは意外と単純です。保育は園長 100 人いれば 100 通りの保育方針があると考えています。私が運営している園は普通の保育はしているけれど，これでよいのかどうか，その頃かなり真剣に考えていました。他園のよいと思うところがあれば取り入れて集めたような園であって，特に何も問題はないけれど，このままでよいのか疑問も感じていました。私の園ではどんなことができるのか模索をしていた頃です。「よくいわれる保育実践研究とはどんなことをするの？」「研究したら何かよい保育になる？」「保育者になったからには一度実践研究なるものをしてみたい」という思いからこの取り組みは始まりました。2010 年度の 5 歳児担任は意欲的なタイプの若手 2 人だったので話をもち出したところ，「やってみたい！」とすぐに賛同してくれました。「テーマは何にする？」と話がとんとんと前に進み，まとまっていきました。それでも民間園ではよくあることですが，実践研究をした経験者は誰もいませんでした。実践研究方法について書かれた本も読みましたが，まったく理解できませんでした。そのようななかで井上先生と出会い，一からの実践研究が始まりました。

途中いろいろあったけれど続けてきた理由

　「やってみたい！」から始まり，初年度の堺市の助成を受けての実践研究は 2010 年 12 月の発表で終了したのですが，なぜ研究期間の 1 年でやめなかったのでしょうか。これもまた単純なのですが，やりがいがありました。そして，すごい達成感もありました。不思議なのですが，実際保育者が事例を選び出し，まとめて発表するまでたった 6 か月しかなかったにもかかわらず，5 歳児クラスの子どもの姿が変わりだしたことを実感できたのです。それを理解できたのは担任 2 人と当時の主任，園長の私の 4 人だけだったと思います。他の職員には状況報告をしていたのですが，担任ほどの感動はなかったと思います。

　井上先生より「0 歳児からしてみないか」という提案をいただいたときには，5 歳児クラスでもう 1 年，堺市の援助なしでもしてみたいと考えていた私には，勿怪の幸いでした。職員には，子どもが変化して成長していく姿がみられるはずと何度も伝えました。園長の判断を聞かざるを得ない立場だったのでしょうが，なんとか職員がついてきてくれたというのが 2 年目の雰囲気です。「保育者冥利に尽きるか

ら，一度実践研究なるものをみんなもしてほしい，やりがいがあるから」と伝え続けてきました。「0歳児が卒園するときに自然に対してどんな姿になるか，想像もつかないけれどやってみない？」とも声をかけ続けてきました。そして，「0歳児クラスの子どもに環境教育の何ができるの？」という思いをもちながらも試行錯誤して保育してきました。すると，翌年新たに入園してきた1歳児と0歳児クラスからの継続児では，花や草のあつかい方が違うなど，はっきりとした違いがみられ，実践に取り組んだ効果が現れたのです。もちろん他年齢児では，さらに効果がみられたので，結果として職員たちの次への意欲へとつながっていきました。卒園し小学校へいった子どもが「学校で問われたことに対し園で聞いた話をすると，先生がそれでよいとほめてくれたからうれしい」「園で体験した塩づくりを夏休みの自由研究で出したら賞をもらった」など，卒園したあともいろいろな情報が園に入ってきました。卒園させた担任が一番うれしかったに違いありません。

保育の質の向上に実践研究がどう役立つのか

「子どもの主体性を育てる」「自立性を伸ばす」など，保育の質の向上をめざすために大切なこととされるけれど，実際どうしたら伸びるのか不思議だと思いませんか？　遊び，排泄，食事，睡眠など，毎日保育者がしないといけない仕事は山ほどあり，子どもの話を1つずつ聞いていたら，毎日の生活は前に進みません。保護者対応に追われるのも常です。要領や指針にあるように「待つ」「見守る」ことが大切ということは頭では十分わかっているのですが，なかなか実行できないのが現場です。園庭にビオトープを作った年から講師を呼んで，3〜5人の少人数保育者の参加する2時間弱の勉強会を始めました。園庭ビオトープでどのように遊んでいるかというような自分の保育を報告しあい，そこで疑問に思うことなどを話しあっていきました。そこで，ビオトープでの子どもの遊びに深い見識のあるビオトープ施工管理士からアドバイスをもらって，子どもへの「声のかけ方」「待つこと」などを身につけていったと思います。待つことが大事とはどういうことか，見守るとはどういうときかを学ぶことで，保育者が育ち，結果として子どもが育っていると考えています。まだまだ未熟ではありますが，保育の質の向上につながっているのは事実です。

10年経った今の思い

実践研究という「しんどいこと」を続けていると私自身が感じています。もちろん職員は管理職の私以上にしんどいと感じているはずなので，感謝しかありません。「最初から関わっている職員」と「5年以上の環境教育経験保育者」は8人になり，それぞれに子どもの成長を目の前にして「すごい！」と実感しています。今では私

だけでなく，環境教育は必要だと思う経験者が，若い保育者に自分の声で「すばらしい保育だよ」と自信をもって発している姿をみるようになり，実践研究に取り組んだことは間違いではなかった，続けてよかったと考えています。

　環境教育の実践研究を始めて 10 年が経ち，私自身もなかなかもてなかった自信を，今行っている保育にもつようになりました。栽培や飼育を取り入れた保育はどの園でも行っていますが，環境教育を取り入れた保育をしている園は聞いたことがありません。こういう方法でよいのかわからないまま，井上先生の指導の下，実践研究を継続するうちに，10 年を経て理解できるようになり，他園の先生方にも薦められるようになりました。しんどさを越えた大きな成果であり，成果がみられたことに誇りを感じています。

これからのこと

　数本の木しかなかったグラウンド型の園庭を 4 年前に子どもたちが毎日身近に自然に接することができるようにビオトープ化して，現在も育成中です。地域の様々な種類の雑草や虫が集まり育つようになり，子どもたちが毎日，雨の日も遊んだり生態を観察したりしています。2020 年 6 月には田んぼで稲を育てられるように，1.5 坪ほどの田んぼを保護者の協力を得ながら自分たちで造成します。住宅地にある当園で自然に触れることができることに，保護者のみなさまも賛同し，協力，応援をいただいています。私たち保育者が子どもにできることはまだまだあると感じます。

　乳幼児期の環境教育とはどういう保育をすることなのか，どのように進めていけばよいのか，実践研究を継続中ですが，4・5 歳児の子どもたちが水の汚染問題やプラゴミ問題などを理解し，意識して困った問題だととらえている姿をみると，環境教育はきっと将来に役立つ保育になるだろうと考えています。

付記）2020 年 4 月から登美丘西こども園の園長職を退き，社会福祉法人堺ひかり会の顧問に就任しました。

実践研究 10 年を経て

大阪大谷大学

井上 美智子

自然科学の常識は世間の常識ではないらしい

　私は大学では地球科学を，大学院では動物社会学を専攻していました。そこでは，この宇宙のすべては自然の法則の下にダイナミックに動いており，たまたまこの宇宙のなかのこの地球の上に誕生した生物もそこから逃れることはできないということが当たり前でした。自然科学は，そうした自然の法則の様々な姿を明らかにしようとする学問分野ですから，そうとらえるのは当然のことでしょう。自然科学のなかにも数学や物理学のようなハードサイエンスと呼ばれる分野があれば，生態学や動物行動学のようなソフトサイエンスと呼ばれる，ダイナミックな複雑系をあつかうためになかなか自然の法則にダイレクトに近づけない分野もあり，どの分野にいるかによって自然のとらえ方は違ってきます。それでも，自然科学という学問世界では，私たちヒトという生物の生存には生態系の維持が必要であることは自明のことでした。

　しかし，自然科学分野で当然のことが一般社会でそのようにとらえられているとは限らないようです。大学院を終えて，たまたま教員養成という仕事に関わり始めたとき，自然科学の世界で当然だと思っていたことが，教育の世界では違うということにすぐに気づきました。初めて出会った保育の世界では，自然は子どもの育ちに重要だと教科書にも書かれているし，実習訪問などで出会う現場の先生方も同様にいわれます。しかし，その言葉を聞きながら実習園の園庭を見ると，多くは1年に1回しかない運動会に必要だとされるグラウンドと園芸植物の並ぶプランター，ようよう生きているような惨めな植栽からなる園庭でした。人間の管理下で存在を許されるわびしい自然しか園にはありませんでした。その理由をいろいろ考えていて到達したのが，「自然」というもののとらえ方が違うということでした。自然科学の示してきた事実は，もちろん，保育に携わる人々も小学校から高等学校の理科で学んでいるはずなのですが，理科で学んだことは彼らの世界のとらえ方に影響していないかのようでした。1992年のリオデジャネイロで開かれた地球サミット（環境と開発に関する国際連合会議）で，地球温暖化が未来の人類にとって大きな問題になると認められ，気候変動に関する国際連合枠組条約が結ばれました。この年に，私は初めて幼児期の環境教育に関する論文を書きました。人々の「自然」のとらえ方を変えない限り，「私たちヒトという生物の生存には現在の生態系の維持が必要であること」は社会の常識にはならず，様々な活動の基盤となる見方にならないと

考えたからです。世界の見方を育てるためには，小学校から始めても遅いはずです。

　それから 25 年が経ち，その当時に自然科学が予測した気候変動が，現在，その予測通りに起こり始めています。当時の自然科学の予測方法は今よりずっとラフだったにもかかわらず的中しているという事実は，より高い精度でなされている現在の予測が的中する可能性はさらに高いことを意味します。このままでは生態系が崩壊すると予測されているのです。それでも，子どもを育てる親や教育者たちがその予測を恐ろしいとは思わず，今まで通りの教育を実践し続ける理由は，無限の経済成長神話を信じて疑わず，ヒトの生存に生態系が必要だという自然のとらえ方をしていないからではないでしょうか。生態系が崩壊した世界に人間は生き残れるのでしょうか。アメリカの小説家マッカーシー（McCarthy, C.）の『ザ・ロード』（早川書房）は生態系の崩壊した社会で生きる父と子を描いた作品ですが，地球規模のシステム崩壊が人間社会にもたらすであろうことをうまく描いています。幼児期からの環境教育が必要だ・そのためにはこういうことが必要だとずっと私なりに語り続けてきたのですが，それが理解されることはほとんどありませんでした。

登美丘西こども園との出会い

　そういうときに出会ったのが，登美丘西こども園の大仲園長であり，当時から園におられ，今も園で実践を継続されている先生方でした。保育という仕事を選び，よりよい保育をしたいと望むごくごく普通の良心的な，そして，保育者らしく，思いやりと気遣いにあふれた真面目な保育者集団です。養成校に勤めるものとして実践研究の助言指導をしたことは何度もあったので，登美丘西こども園と関わり始めたときにも，こんなに長く続くとは予想もしていませんでした。実践研究は「しんどい」（骨が折れるとかつらいという意味で，関西で多用されるとされています）とわかっていたからです。

　それが，いろいろあれども，結果として継続してきたのは，園長のチャレンジ精神，心意気が一番大きかったと思います。「大変になるだろう・でも保育がよくなるなら，保育者が成長するなら，あえて大変なことをしてみよう」という決断は，大仲園長だからこそできたような気がします。また，園長を支える個性豊かな力ある保育者集団もその決断を受け止められる人たちでした。こうしたらどうですかという私の提案を大仲園長は，ほぼほぼ受け止め，実現されていきました。保育の場の現実的なことをいろいろ考えると，「そうはいってもね，現実には難しいよ」というのが通常の受け止めだと思います。時々，保育の日常の話を園長から漏れ聞くと，「登美丘西こども園も本当に多忙でいろいろな課題を抱えている保育現場なのだ」と現実に引き戻されます。それでも，「大変だけど，やってみよう」という受け止めができる背景には園長の個性もあるのでしょうが，何より保育がよくなるな

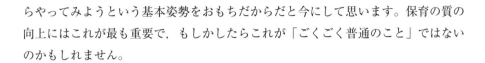

らやってみようという基本姿勢をおもちだからだと今にして思います。保育の質の向上にはこれが最も重要で，もしかしたらこれが「ごくごく普通のこと」ではないのかもしれません。

環境教育は 0 歳から実践できる！

　幼児期の環境教育研究を進めるなかで私は 0 歳からの実践が可能であるとずっと考えていました。第 I 部にも書いたように，人は生まれ出たその瞬間から世界とはどのようなものかという見方を作り始めるからです。しかし，そうした実践例はないのです。そもそも，幼児期の環境教育が必要だとか，可能だとか思われてもいないし，必要だという研究者や実践者も環境教育はとどのつまりは自然学習であって，幼児期には自然と関われば十分と考えているので，新たな実践例が生まれるはずもありません。しかし，登美丘西こども園の実践研究は，長年保育に携わってきた保育のプロたちの観察と実感によって，0 歳からの環境教育が可能であることを示してきました。海外では EfS や ESD を幼児期からするべきだということが認められつつあり，実践事例もいろいろとでるようになっていますし，園全体で取り組むところも増えています。登美丘西こども園の実践はそうしたなかでも，先進的で継続的な実践として世界に通用する，それどころか，モデルとなるものとなっています。海外の事例でも 0 歳からの取り組みはほとんどありません。私が長年考えてきた仮説「環境教育は 0 歳から実践できる！」を，今，登美丘西こども園の先生方が間接的ではありますが，少しずつ証明しているといえるでしょう。

最後に

　チャレンジ精神あふれる大仲園長と向上心あふれる先生方に出会えて私は本当に幸運だったと思います。保育の質の向上のために「しんどいこと」にあえて取り組まれてきた保育のプロとしての姿勢は尊敬に値するものですし，共同研究者としての登美丘西こども園の先生方には感謝の気持ちでいっぱいです。また，この実践研究には数多くの外部の専門家のサポートもいただいてきました。保育実践を前提としたすばらしいビオトープを施工管理できる吉田順子さん（エコ・プランニング，浜松市），田んぼ保育の案内人神田浩行さん（みどり環境共育事務所，川崎市），園での少人数勉強会の指導をいただく後藤清史さん（野の塾工房たまご，大阪市），ヒトの生存の基盤には生態系が必要であることを当然としている人たちであり，登美丘西こども園の実践研究を支えてくださってきました。また，海外の研究仲間，オーストラリアのジュリー・デイビス（Julie Davis）博士，スー・エリオット（Sue Elliott）博士，韓国のジ・オクジョン（Ji Okjong）博士にはこの間，刺激と心強いサポートをいただきました。あまり関心をもたれないこの分野にも関心を寄せてく

ださり，私の研究を長らく支えてくださった無藤隆先生は今回も心強い解説を寄せてくださいました。そして，この本が出版されることになったのは何より北大路書房の北川芳美さんのおかげです。なかなか理解されにくいこの分野の意義がわかる少数派に属する編集者さんです。この実践研究には科研費（課題番号 15K00668・19K02717）が部分的に使われており，また，本書の出版には私が所属する大阪大谷大学の 2020 年度特別研究費の助成が一部使われています。幼児期の環境教育研究を実践に現実化し，公表していくプロセスを助けてくださったすべての方々にお礼申し上げます。

著者紹介

井上 美智子（いのうえ・みちこ）

1958 年　兵庫県生まれ
神戸大学理学部卒
大阪市立大学理学研究科後期博士課程退学，理学修士
神戸大学総合人間科学研究科後期博士課程修了，博士（学術）
現在　大阪大谷大学教育学部教授

【主著】

むすんでみよう　子どもと自然（編著）　北大路書房　2010 年

幼児期からの環境教育：持続可能な社会にむけて環境観を育てる　昭和堂　2012 年

Perspectives on early childhood environmental education in Japan: Rethinking for building a sustainable society. In J. Davis & S. Elliott (Eds.), *Research in early childhood education for sustainability: International perspectives and provocations* (pp. 79-96).　Routledge. 2014.

Beyond traditional nature-based activities to education for sustainability: A case study from Japan. In J. Davis (Ed.), *Young children and the environment: Early education for sustainability* (pp. 266-277). 2nd.ed.　Cambridge University Press.2014.

Fostering an Ecological Worldview in Children: Rethinking Children and Nature in Early Childhood Education from a Japanese Perspective. In: Cutter-Mackenzie-Knowles, A., Malone, K., & Barratt Hacking, E. (Eds.), *Research Handbook on Childhoodnature Assemblages of Childhood and Nature Research* (pp. 1-31 online).　Springer. 2018.

幼児期の終わりまでに育ってほしい 10 の姿（分担執筆）　東洋館出版社　2018 年
森と自然を活用した保育・幼児教育ガイドブック（分担執筆）　風鳴舎　2018 年
自然が子どもと未来を創る！（編著）　一藝社　2020 年

持続可能な社会をめざす 0 歳からの保育

―環境教育に取り組む実践研究のあゆみ―

2020 年 9 月 10 日　初版第 1 刷印刷　　定価はカバーに
2020 年 9 月 20 日　初版第 1 刷発行　　表示してあります。

著　者　　井　上　美智子
　　　　　登美丘西こども園

発行所　　（株）北大路書房
〒 603-8303　京都市北区紫野十二坊町 12-8
電　話（075）431-0361（代）
FAX（075）431-9393
振　替 01050-4-2083

©2020　　　印刷・製本／シナノ書籍印刷（株）
検印省略　落丁・乱丁本はお取り替えいたします。
ISBN978-4-7628-3122-5　Printed in Japan